Cómo solucionar nuestros
problemas humanos

Otros libros en español de Gueshe Kelsang Gyatso

Budismo moderno
Caminos y planos tántricos
Compasión universal
Comprensión de la mente
El camino gozoso de buena fortuna
El voto del Bodhisatva
Esencia del vajrayana
Gema del corazón
Gran tesoro de méritos
Introducción al budismo
Mahamudra del tantra
Nueva guía del Paraíso de las Dakinis
Nuevo corazón de la sabiduría
Nuevo manual de meditación
Ocho pasos hacia la felicidad
Tesoro de contemplación
Transforma tu vida
Una vida con significado, una muerte gozosa

Guía de las obras del Bodhisatva,
de Shantideva, traducido del tibetano al inglés por
Neil Elliot bajo la guía de Gueshe Kelsang Gyatso.

Los beneficios de las ventas de este libro se destinan al
Proyecto Internacional de Templos de la NKT–IKBU de acuerdo
con las directrices que se exponen en su *Manual de finanzas*.
La NKT–IKBU es una organización budista sin ánimo
de lucro dedicada a fomentar la paz en el mundo,
registrada en Inglaterra con el número 1015054.
www.kadampa.org/mx/

GUESHE KELSANG GYATSO

Cómo solucionar nuestros problemas humanos

LAS CUATRO NOBLES VERDADES

EDITORIAL THARPA

México

Título original:
How to Solve our Human Problems
Editado por primera vez en inglés en el año 2005
por Tharpa Publications.

Tharpa tiene oficinas en varios países del mundo.
Los libros de Tharpa se publican en numerosas lenguas.
Para más detalles véase la página 187.

Editorial Tharpa México
Enrique Rébsamen No. 406
Col. Narvarte Poniente
México, D.F.
C.P. 03020
Tel.: +52(55)56396180
email: info.mx@tharpa.com
www.tharpa.com/mx/
1ª edición, Octubre 15 de 2013.

Fotografía de la cubierta © iStockphoto.com/tharpa
Fotografías interiores: Los ocho símbolos auspiciosos.

Rústica: ISBN 978-84-15849-19-3
Depósito legal: MA 2659-2012

Impreso en México/Printed in Mexico
Litográfica Ingramex, S.A. de C.V.

Índice general

Ilustraciones

Las ilustraciones representan los ocho símbolos auspiciosos.

Nota del departamento de traducción

Deseamos señalar que a lo largo del texto los nombres propios en tibetano se han escrito según un sistema fonético básico. Debido a que en la lengua tibetana hay muchos sonidos que no existen en español, la introducción de estos fonemas es ineludible. Por ejemplo, en tibetano hay una consonante que se pronuncia *ya* y otra *yha*, como la *j* inglesa. Así, en Manyhushri, Yhe Tsongkhapa, etcétera, la *yha* ha de pronunciarse como la *j* inglesa.

Para representar los términos sánscritos se ha seguido un sistema simple de transliteración, porque evoca la pureza de la lengua original de la que proceden. Así, se ha escrito *Dharma* y no Darma, *Sangha* y no Sanga, etcétera. No obstante, se ha optado por castellanizar algunos términos y sus derivados, como Buda, budismo, Budeidad, etcétera, por estar más asimilados a nuestra lengua. La Real Academia Española ha incorporado en su *Diccionario de la Real Academia Española* las palabras *karma, lama, mandala, mantra, nirvana, samsara, tantra* y *yogui*. Las palabras extranjeras se han escrito en cursiva solo la primera vez que aparecen en el texto.

En la transcripción de un texto, cuando se ha omitido un fragmento del original se ha indicado con el signo de puntos encorchetados, tres puntos entre corchetes ([…]), colocado en el lugar del texto suprimido.

El verbo *realizar* se utiliza en ocasiones con el significado de 'comprender', dándole así una nueva acepción como término budista.

Introducción

Las enseñanzas que se presentan en este libro son métodos científicos para mejorar nuestra naturaleza y cualidades humanas por medio del desarrollo de la mente. En los últimos años, nuestro conocimiento en tecnologías modernas ha aumentado de manera considerable y, como resultado, hemos presenciado un notable progreso material. Sin embargo, la felicidad del ser humano no se ha incrementado del mismo modo. Hoy día no hay menos sufrimientos ni menos infortunios en el mundo, incluso se podría decir que ahora tenemos más problemas y hay más peligros que nunca. Esto indica que la causa de la felicidad y la solución a nuestros problemas no se encuentran en el conocimiento del mundo externo. La felicidad y el sufrimiento son estados mentales y, por lo tanto, sus causas principales no existen fuera de la mente misma. Si queremos ser verdaderamente felices y liberarnos del sufrimiento, debemos aprender a controlar nuestra mente.

Cuando las cosas no marchan bien en nuestra vida y nos encontramos en dificultades, solemos pensar que el problema es la situación en sí misma, pero en realidad todos los problemas que experimentamos provienen de la mente. Si respondiésemos ante las dificultades con una mente pacífica y constructiva, no nos causarían problemas e incluso llegaríamos a considerarlas como oportunidades y retos para progresar en nuestro desarrollo personal. Los problemas solo aparecen cuando reaccionamos de manera negativa ante las dificultades. Por consiguiente, si queremos solucionar nuestros problemas, debemos transformar nuestra mente.

Buda enseñó que la mente tiene el poder de crear todos los objetos, agradables y desagradables. El mundo es el resultado del karma o las acciones de los seres que lo habitan. Un mundo puro es el resultado de acciones puras, y uno impuro lo es de acciones impuras. Puesto que todas las acciones son creadas por la mente, todos los objetos, incluido el mundo, también lo son. No hay otro creador que la mente misma.

Por lo general solemos decir: «He hecho esto y lo otro» o «Él o ella ha hecho esto y lo otro», pero la verdadera creadora de todas las cosas es la mente. Somos esclavos de nuestra propia mente y cuando ella desea hacer algo, no nos queda más remedio que hacerlo. Desde tiempo sin principio hemos estado bajo su control, actuando sin libertad, pero si ahora practicamos con sinceridad las enseñanzas que se presentan en este libro, podemos cambiar esta situación y dominar por completo nuestra mente. Solo entonces disfrutaremos de verdadera libertad.

Si estudiamos muchos libros budistas, puede que nos

convirtamos en un famoso erudito, pero mientras no pongamos en práctica las enseñanzas de Buda, nuestro conocimiento del budismo consistirá solo en meras palabras vacías y no nos servirá para solucionar nuestros problemas ni los de los demás. Esperar que una mera comprensión intelectual de los textos budistas nos ayude a solucionar nuestros problemas es como pretender que una persona enferma se cure leyendo instrucciones médicas sin tomar la medicina. El maestro budista Shantideva dice:

«Debemos poner en práctica las enseñanzas de Buda,
   el Dharma,
porque nada puede lograrse con solo leer palabras.
Un hombre enfermo nunca podrá curarse
si se limita a leer instrucciones médicas».

Todos los seres sintientes, sin excepción, tienen el sincero deseo de evitar sus problemas y sufrimientos de manera permanente. Por lo general, intentamos hacerlo utilizando métodos externos, pero por mucho éxito que tengamos desde el punto de vista mundano –por muchas riquezas que acumulemos y por muy poderosos o respetables que lleguemos a ser–, nunca conseguiremos liberarnos del sufrimiento y los problemas de manera permanente. En realidad, todos los problemas que tenemos a diario proceden de nuestras mentes de aferramiento propio y estimación propia, las concepciones erróneas que exageran lo importantes que somos. Sin embargo, debido a que no comprendemos esto, solemos culpar a los demás de nuestros problemas y de este modo los empeoramos. A partir de estas dos concepciones erróneas básicas surgen todas las demás perturbaciones mentales, como el odio y el apego, que nos causan innumerables problemas.

Rezo para que todo el que lea este libro disfrute de paz interior y realice el verdadero significado de su existencia humana.

Gueshe Kelsang Gyatso
Estados Unidos de América
Abril del 2004

PRIMERA PARTE

Las cuatro nobles verdades

La sombrilla preciosa

Refúgiate bajo la gran sombrilla del budismo

Deseo

Para solucionar nuestros problemas humanos y encontrar felicidad y paz duraderas, Buda impartió enseñanzas muy profundas para que las utilicemos como consejos prácticos. Sus enseñanzas se conocen como *Dharma*, que significa 'protección suprema contra el sufrimiento'. El Dharma es el método para solucionar nuestros problemas humanos. Para comprenderlo, primero debemos analizar la verdadera naturaleza de nuestros problemas e identificar sus causas.

Los problemas no existen fuera de la mente. La verdadera naturaleza de nuestros problemas son las sensaciones desagradables, que forman parte de nuestra mente. Cuando, por ejemplo, tenemos una avería en el coche, solemos decir: «Tengo un problema», pero en realidad no somos nosotros quienes tenemos el problema, sino el coche. Los problemas solo aparecen cuando tenemos sensaciones desagradables. Los problemas del coche existen fuera de la mente, mientras que los nuestros están en su interior. Si distinguimos entre los problemas internos y los externos, podremos comprender que la verdadera naturaleza de nuestros problemas son nuestras sensaciones, que forman parte de la mente.

Nuestros problemas –nuestras sensaciones desagradables– proceden de los engaños del apego y la ignorancia del aferramiento propio y, por lo tanto, ellos son la causa principal de nuestros problemas. Tenemos un intenso apego a satisfacer nuestros deseos y para lograrlo trabajamos mucho durante toda la vida y nos enfrentamos a numerosos problemas y dificultades. Cuando no logramos satisfacer nuestros deseos, nos sentimos frustrados y deprimidos, y por ello a menudo nos enfadamos y causamos más problemas tanto a nosotros mismos como a los demás. Esto es algo que podemos comprender por propia experiencia. Cuando perdemos un amigo, el trabajo, la posición social, la reputación, etcétera, tenemos dificultades y sufrimos debido al intenso apego que tenemos a estas cosas. Si no tuviéramos este apego, no habría base para sufrir ni tener problemas cuando padecemos alguna pérdida.

Debido al intenso apego a nuestras creencias, cuando alguien nos contradice sentimos de inmediato una sensación desagradable. Como resultado, nos enfadamos, lo cual da lugar a discusiones y peleas con los demás, y esto a su vez nos causa más problemas. La mayoría de los conflictos políticos que existen en el mundo están causados por personas con un intenso apego a sus creencias. Muchos otros problemas tienen también su origen en el apego de las personas a sus creencias religiosas.

En vidas pasadas, debido al apego a satisfacer nuestros

deseos, realizamos numerosas acciones con las que perjudicamos a otros seres sintientes. Como resultado de aquellas acciones, ahora tenemos numerosos problemas y experimentamos sufrimiento a lo largo de la vida.

Si miramos en el espejo del Dharma, podremos ver que nuestro odio, apego y, en particular, nuestra ignorancia del aferramiento propio, son la causa de todos los problemas y sufrimientos que tenemos. Comprenderemos con certeza que si no controlamos estos engaños, no podremos solucionar nuestros problemas humanos. El Dharma es el único método para controlar nuestras perturbaciones mentales del odio, el apego y la ignorancia del aferramiento propio y, por esta razón, podemos decir que las enseñanzas de Buda, el Dharma, son el único método para solucionar nuestros problemas humanos. Los practicantes kadampas de antaño lo sabían por propia experiencia, y lo mismo ocurre con numerosos practicantes actuales, sus realizaciones espirituales son testimonio de esta verdad. Las enseñanzas de Buda son el método científico supremo para solucionar nuestros problemas humanos. Si las ponemos en práctica con sinceridad solucionaremos nuestros problemas humanos y nuestra vida se llenará de sentido.

Los peces preciosos

Vive en paz y armonía con los demás

Sufrimiento

En el *Sutra de las cuatro nobles verdades*, Buda dice:

«Conoce los sufrimientos,
abandona sus orígenes.
Alcanza las cesaciones,
practica los caminos».

Estas enseñanzas se conocen como *las cuatro nobles verdades*. Se denominan *nobles verdades* porque son instrucciones superiores y no nos engañan.

Por lo general, quienes padecen dolor físico o mental, incluidos los animales, conocen su propio sufrimiento, pero cuando Buda dice: «Conoce los sufrimientos», se refiere a los de nuestras vidas futuras. Este conocimiento nos hará generar un intenso deseo de liberarnos de ellos. Este práctico consejo es muy importante para todos porque si tenemos el deseo de liberarnos de los sufrimientos de las incontables vidas futuras, sin lugar a dudas utilizaremos nuestra presente existencia humana para asegurarnos la felicidad y la libertad en ellas. No hay nada con más significado que esto.

Mientras no tengamos este deseo, desperdiciaremos nuestra preciosa existencia humana solo para conseguir la felicidad y la libertad de esta vida tan corta. Esto sería una gran necedad porque nuestras intenciones y acciones no serían muy diferentes de las de los animales, que solo tienen en cuenta esta vida. El gran yogui Milarepa en cierta ocasión dijo al cazador Gompo Doryhe:

«Tienes el cuerpo de un ser humano, pero tu mente es
 la de un animal.
Tú, ser humano con mente de animal, por favor,
 escucha mi canción».

Normalmente pensamos que lo más importante es solucionar los problemas de esta vida y dedicamos todo nuestro tiempo para conseguirlo, pero en realidad estos problemas y sufrimientos duran muy poco. Si nos morimos mañana, cesarán mañana mismo. Sin embargo, puesto que la duración de los sufrimientos y problemas de nuestras vidas futuras es ilimitada, la felicidad y libertad de nuestras vidas futuras son mucho más importantes que las de esta vida tan corta. Con la primera noble verdad, Buda nos anima a utilizar esta existencia humana para ser felices y disfrutar de libertad en nuestras incontables vidas futuras, y aquellos que así lo hacen son realmente sabios.

Para una exposición detallada sobre las vidas futuras, véanse los apéndices 1 y 2.

.

La vasija preciosa

Recibe la riqueza interior de la sabiduría
y la compasión de la preciosa vasija del Dharma kadam

Orígenes

«Abandona sus orígenes.»

Este también es un consejo muy práctico. Los *orígenes* son principalmente los engaños del odio, el apego y la ignorancia del aferramiento propio. Normalmente tenemos un sincero deseo de liberarnos del sufrimiento para siempre, pero nunca pensamos en abandonar nuestros engaños. No obstante, si no logramos controlar y abandonar nuestras perturbaciones mentales, nos resultará imposible alcanzar la liberación permanente de todos los sufrimientos y problemas. Por lo tanto, debemos seguir el consejo de Buda y, con una firme determinación y concentrándonos en el profundo significado del Dharma, esforzarnos por dominar nuestro odio, apego y demás perturbaciones mentales.

Los engaños o perturbaciones mentales se denominan *orígenes* porque son la causa principal de todos nuestros problemas y la fuente de nuestro sufrimiento. Hemos analizado que el apego es una de las causas principales de nuestros problemas, y en la segunda parte del presente libro se describen las desventajas del odio. A continuación se expone con brevedad cómo el aferramiento propio es la causa principal de todos nuestros problemas.

En primer lugar hemos de identificar el aferramiento propio, que reside siempre en nuestro corazón y destruye nuestra paz interior. Su naturaleza es la de una percepción errónea que cree equivocadamente que tanto nosotros mismos como los demás tenemos existencia verdadera o inherente. Es una mente ignorante porque, en realidad, los fenómenos no existen de forma inherente, sino como meras designaciones. Debido a que la mente necia del aferramiento propio se aferra al yo, a lo mío y a todos los demás fenómenos como si tuvieran existencia verdadera, generamos apego hacia los objetos que nos agradan y aversión hacia los que nos desagradan. Entonces, realizamos acciones con las que perjudicamos a otros seres sintientes y, como resultado, experimentamos sufrimientos y problemas a lo largo de esta vida y en las vidas futuras. Esta es la razón fundamental por la que tenemos tantos problemas. Debido a que nuestro sentido del yo y de lo mío con existencia verdadera son tan intensos, nuestro aferramiento propio actúa como causa fundamental de todos nuestros problemas diarios.

El aferramiento propio puede compararse con un árbol venenoso. Los demás engaños son sus ramas; y el sufrimiento resultante, sus frutos. Es el origen fundamental de las demás perturbaciones mentales y de todos nuestros problemas y sufrimientos. Si llegamos a comprenderlo, nos esforzaremos por identificar, reducir y finalmente abandonar por completo esta ignorancia.

La flor preciosa

Disfruta de la pureza de tus pensamientos y obras

Cesaciones

«Alcanza las cesaciones.»

Esto significa que debemos alcanzar la cesación permanente del sufrimiento. En general, todos experimentamos cesaciones temporales de determinados sufrimientos de vez en cuando. Por ejemplo, cuando una persona disfruta de buena salud está experimentando una cesación temporal de las enfermedades. Sin embargo, esto no es suficiente porque es algo temporal, y volverá a padecer enfermedades una y otra vez tanto en esta vida como en las incontables vidas futuras. Todos los seres sintientes sin excepción tienen que experimentar el ciclo de los sufrimientos de las enfermedades, el envejecimiento, la muerte y el renacimiento, vida tras vida, sin cesar. Debemos seguir el ejemplo de Buda y generar una mente firme de renuncia a este ciclo interminable. Cuando Buda vivía en palacio con su familia, presenció cómo su pueblo experimentaba estos sufrimientos sin cesar y tomó la firme determinación de alcanzar la iluminación, la cesación permanente del sufrimiento, y conducir a todos los seres sintientes al mismo estado.

Buda no nos animó a abandonar las actividades diarias con las que obtenemos las condiciones necesarias para vivir o con las que se reducen la pobreza, la degradación del medio ambiente, las enfermedades, etcétera. Sin embargo, por mucho éxito que tengamos en estas actividades, nunca lograremos la cesación permanente de estos problemas. Seguiremos teniéndolos en las vidas futuras, e incluso en esta misma vida, aunque muchas personas trabajan duro para evitar la pobreza, la contaminación ambiental y las enfermedades, estos problemas siguen aumentando por todo el mundo. Además, debido al poder de la tecnología moderna, están apareciendo muchos peligros que hasta ahora no se conocían. Por lo tanto, no debemos sentirnos satisfechos con la libertad temporal de determinados sufrimientos, sino esforzarnos en alcanzar la libertad permanente mientras tengamos la oportunidad.

Debemos apreciar el gran valor de nuestra vida humana. Debido a sus previas creencias erróneas que negaban el valor de la práctica espiritual, aquellos que han renacido, por ejemplo, como un animal, no tienen la oportunidad de dedicarse al desarrollo espiritual, que es lo único que realmente podría llenar sus vidas de significado. Puesto que para ellos es imposible escuchar enseñanzas espirituales, comprenderlas, contemplarlas y meditar en ellas, su presente renacimiento animal es un obstáculo en sí mismo. Solo los seres humanos están libres de estos obstáculos y disponen de las condiciones necesarias para recorrer el camino espiritual, que es lo único que nos puede proporcionar paz y felicidad permanentes. Esta libertad y estas condiciones necesarias son lo que hacen que nuestra vida humana sea tan valiosa.

La concha preciosa

*Escucha el precioso sonido de la concha del Dharma,
contempla su significado y medita en él*

El camino

«Practica los caminos.»

En este contexto, *camino* no se refiere a un sendero externo que lleve de un lugar a otro, sino al camino interior o realización espiritual que nos conduce a la felicidad pura de la liberación y la iluminación. Para una exposición detallada de las etapas del camino a la liberación y la iluminación, véanse *Budismo moderno, Transforma tu vida, Nuevo manual de meditación* y *El camino gozoso de buena fortuna*.

La práctica de las etapas del camino hacia la liberación queda resumida en los tres adiestramientos superiores: la disciplina moral superior, la concentración superior y la sabiduría superior. Estos tres adiestramientos se denominan *superiores* porque están motivados por la mente de renuncia, el sincero deseo de alcanzar la liberación permanente del sufrimiento de esta vida y de las futuras. Por lo tanto, son el camino propiamente dicho a la liberación que debemos practicar.

La naturaleza de la disciplina moral es abandonar las acciones inapropiadas, mantener una conducta pura y realizar todas las acciones correctamente con una motivación virtuosa. La disciplina moral es muy importante para todos porque gracias a ella nos evitamos problemas en el futuro a nosotros mismos y a los demás. Si la practicamos, nuestras acciones serán más puras y, por lo tanto, nosotros lo seremos también. Necesitamos pureza interior; no es suficiente con tener el cuerpo limpio, puesto que no somos nuestro cuerpo. La disciplina moral es como la tierra que sustenta y nutre la cosecha de las realizaciones espirituales. Sin practicar la disciplina moral es muy difícil progresar en los caminos espirituales. El adiestramiento en la disciplina moral superior consiste en aprender a familiarizarnos en profundidad con la práctica de la disciplina moral con la motivación de renuncia.

El segundo adiestramiento superior es la concentración superior. La naturaleza de la concentración es eliminar distracciones y concentrarse en objetos virtuosos. Es muy importante adiestrarnos en la concentración porque con distracciones no alcanzaremos nada. Adiestrarse en la concentración superior consiste en aprender a familiarizarse en profundidad con la habilidad de eliminar las distracciones y concentrar la mente en objetos virtuosos con la motivación de renuncia. Si nuestra concentración es clara y firme, nos resultará fácil progresar en cualquier práctica de Dharma. Normalmente nuestro obstáculo principal son las distracciones. Con la práctica de la disciplina moral eliminamos las distracciones burdas; y con la concentración, las sutiles; unidas producirán con rapidez los frutos de nuestra práctica de Dharma.

El tercer adiestramiento superior es el de la sabiduría superior. La naturaleza de la sabiduría es la de una mente inteligente y virtuosa cuya función es disipar la confusión y comprender por completo objetos profundos. Muchas personas son muy inteligentes a la hora de vencer a sus enemigos, cuidar de sus familiares, encontrar lo que desean, etcétera, pero esto no es sabiduría. Hasta los animales tienen esta clase de inteligencia. La inteligencia mundana es engañosa, mientras que la sabiduría nunca nos decepcionará. Esta última es nuestro Guía Espiritual interno que nos conduce por los caminos correctos y el ojo divino con el que podemos percibir las vidas pasadas y futuras, y también la relación entre las acciones y nuestras experiencias, que se conoce como *karma*. El tema del karma es muy extenso y sutil, y solo podemos comprenderlo con sabiduría. El adiestramiento en la sabiduría superior consiste en meditar en la sabiduría que realiza la vacuidad con la motivación de renuncia. Esta sabiduría es muy profunda. Su objeto, la vacuidad, no es la nada, sino la verdadera naturaleza de todos los fenómenos. Para una exposición detallada de la vacuidad, véase *Transforma tu vida*.

Los tres adiestramientos superiores son los verdaderos métodos para alcanzar la cesación permanente del sufrimiento de esta vida y de las incontables vidas futuras. Para comprender esto, contemplemos la siguiente analogía. Para cortar un árbol utilizamos una sierra, pero esta no puede funcionar por sí sola sin nuestras manos, que a su vez dependen del cuerpo. El adiestramiento en la disciplina moral superior es como el cuerpo; el adiestramiento en la concentración superior, como las manos; y el adiestramiento en la sabiduría superior, como la sierra. Si utilizamos los tres unidos, podremos cortar el árbol venenoso de la ignorancia del aferramiento propio, y de manera natural todas las demás perturbaciones mentales –sus ramas– y nuestros sufrimientos y problemas –sus frutos– cesarán por completo. Entonces habremos alcanzado la cesación permanente del sufrimiento de esta vida y de las futuras –la paz interior suprema y permanente conocida como *nirvana* o liberación–. Entonces habremos solucionado todos nuestros problemas humanos y desarrollado el verdadero potencial de nuestra vida.

Las cuatro nobles verdades pueden comprenderse y practicarse de diferentes niveles. Todas las prácticas de Dharma están directa o indirectamente incluidas en las cuatro nobles verdades. Con las instrucciones que se han dado hasta ahora se puede comprender cómo practicarlas en general, pero también debemos saber cómo hacerlo con respecto a determinados sufrimientos, orígenes, cesaciones y caminos. Por ejemplo, podemos hacerlo con respecto al sufrimiento del odio, con respecto a su origen –el odio mismo–, con respecto a su cesación –la verdadera cesación del sufrimiento del odio– y con respecto al camino –la práctica de la paciencia–. Estas instrucciones se exponen en la segunda parte del presente libro.

SEGUNDA PARTE

Paciencia

Paciencia

La siguiente exposición sobre cómo eliminar el enfado con la práctica de la paciencia está basada en la *Guía de las obras del Bodhisatva*, el famoso poema compuesto por el gran maestro budista Shantideva. Aunque fue escrito hace más de mil años, es una de las exposiciones más claras y poderosas que existen sobre este tema y sigue teniendo la misma relevancia que entonces.

Shantideva dice:

«No hay peor maldad que el odio
ni mejor virtud que la paciencia.
Por lo tanto, debo esforzarme en lo posible
por familiarizarme con la práctica de la paciencia».

El nudo precioso

Pon gran esfuerzo en alcanzar la iluminación

Las faltas del odio

El odio o enfado es una de las perturbaciones mentales más comunes y destructivas, y nos aflige casi todos los días. Para solucionar el problema del enfado, primero debemos identificarlo en nuestra mente, reconocer que nos perjudica tanto a nosotros mismos como a los demás y apreciar los beneficios de practicar la paciencia ante las dificultades. Luego, debemos aplicar métodos eficaces para reducir nuestro enfado en la vida diaria y finalmente evitar que vuelva a surgir.

¿Qué es el odio? El odio es una mente perturbada que observa un objeto animado o inanimado, siente que es desagradable, exagera sus malas cualidades y desea perjudicarlo. Por ejemplo, cuando nos enfadamos con nuestra pareja, nos parece desagradable. Después, exageramos sus defectos fijándonos solo en aquellos aspectos de ella que nos molestan e ignorando sus buenas cualidades y su bondad, hasta que creamos la imagen de una persona intrínsecamente llena de faltas. Entonces deseamos perjudicarla de algún modo, por ejemplo, criticándola o despreciándola. Puesto que el enfado está basado en una exageración, es una mente que no se corresponde con la realidad, la persona o el objeto intrínsecamente imperfecto que observa no existe en realidad. Además, como se expondrá más adelante, es una mente muy destructiva que no sirve para nada. Después de comprender la naturaleza del odio y las desventajas de generarlo, debemos observar nuestra mente con atención en todo momento para reconocerlo en cuanto comience a surgir.

No hay nada más destructivo que el odio. Destruye nuestra paz y felicidad en esta vida y nos impulsa a cometer acciones perjudiciales que nos causarán inconcebibles sufrimientos en vidas futuras. Obstaculiza nuestro progreso espiritual e impide que logremos cualquier objetivo virtuoso que nos hayamos propuesto –desde mejorar nuestra mente hasta alcanzar la iluminación total–. El oponente del odio es la paciencia de aceptar las dificultades, y si estamos realmente interesados en avanzar por el camino espiritual, no hay práctica más importante que la de esta virtud.

En su *Guía de las obras del Bodhisatva*, Shantideva dice que todos los méritos o buena fortuna que hayamos acumulado durante miles de eones con acciones virtuosas, pueden ser destruidos en un solo instante si nos enfadamos con un ser sagrado, como un *Bodhisatva*. El Bodhisatva es aquel que posee la mente de *bodhichita*, el deseo espontáneo de alcanzar la iluminación por el beneficio de todos los seres sintientes. Puesto que la bodhichita es una cualidad interna, resulta difícil saber quién es un Bodhisatva y quién no lo es. Es posible que un famoso maestro espiritual no sea un Bodhisatva y, en cambio, alguien que no se hace notar y vive con sencillez entre pobres y necesitados sea en realidad un ser tan realizado. Si, como dice Shantideva, un solo momento de odio contra alguien que ha generado la bodhichita puede destruir eones de virtud, es mejor no enfadarnos con nadie.

Existen numerosos objetos con los que podemos enfadarnos, pero si lo hacemos con alguien que tenga elevadas realizaciones espirituales, este odio tiene el poder de destruir los méritos acumulados durante miles de vidas. Del mismo modo, si generamos un fuerte enfado hacia aquellos que han sido muy bondadosos con nosotros, ya sea material o espiritualmente, la destrucción de nuestros méritos o buena fortuna no tendrá límites. Incluso el odio dirigido contra alguien que esté al mismo nivel que nosotros puede consumir la buena fortuna que hayamos acumulado a lo largo de numerosas vidas pasadas.

Es posible que un día acumulemos gran cantidad de karma positivo realizando extensas ofrendas a las Tres Joyas –Buda, el Dharma y la Sangha– o ayudando a muchos seres. Si nos acordamos de dedicar nuestros méritos para alcanzar la iluminación y beneficiar a todos los seres sintientes, los protegeremos e impediremos que el odio los destruya. Sin embargo, si no dedicamos los méritos de estas acciones correctamente y nos enfadamos mucho con alguien al día siguiente, se destruirá el poder de la virtud que acumulamos con nuestra práctica el día anterior. Aunque nuestro enfado sea leve, puede retrasar la maduración de nuestro karma virtuoso. Por lo tanto, la perturbación mental del odio nos perjudica profundamente. Una bebida alcohólica puede embriagarnos, pero si la hervimos, pierde su poder. De igual manera, con la práctica de la virtud creamos el potencial de alcanzar el fruto de la felicidad, pero el odio puede destruirlo por completo.

La destrucción de los méritos es una de las faltas invisibles del odio y, por lo tanto, debemos aceptarla con fe, pero hay muchas otras desventajas manifiestas de esta perturbación mental y cuando reflexionemos sobre ellas, nos resultará evidente la importancia de practicar la paciencia.

El odio es un estado mental doloroso por naturaleza. Cuando sentimos odio, perdemos la paz interior al instante y nos sentimos tensos e incómodos. Estamos inquietos y nos cuesta mucho dormir, y el sueño, si conseguimos conciliarlo, es intermitente y no logramos descansar. Cuando estamos enfadados, no podemos divertirnos e incluso la comida nos parece repugnante. El odio convierte a la persona más atractiva en un demonio con el rostro encendido. Cuando nos enfadamos, aumenta nuestro malestar y, por mucho que lo intentemos, no podemos controlar nuestras emociones.

Uno de los peores efectos del odio es que perdemos el sentido común y nos impide ser razonables. Con el deseo de vengarnos de aquellos que creemos que nos han perjudicado, nos exponemos a grandes riesgos solo para lograr una pequeña venganza. Para vengarnos de las injusticias y humillaciones que creemos haber sufrido, estamos dispuestos a arriesgar nuestro trabajo, nuestras relaciones e incluso el bienestar de nuestra familia y nuestros hijos. Cuando nos enfadamos, perdemos la libertad y vamos de un sitio a otro poseídos por una cólera incontrolable. En ocasiones, incluso dirigimos esta ira ciega contra nuestros seres queridos y otras personas que nos han ayudado. En un ataque de cólera, olvidando la infinita bondad de nuestros familiares, amigos y maestros espirituales, podemos llegar a agredir e incluso matar a las personas que más apreciamos. No es de extrañar que nadie quiera relacionarse con una persona que esté siempre enfadada. Esta pobre víctima de su propia hostilidad es la desesperación de sus seres queridos y todos terminan por abandonarla.

El odio resulta muy destructivo en nuestras relaciones. Cuando convivimos con una persona, a menudo nuestra personalidad, prioridades, intereses y costumbres entran en conflicto con los suyos. Puesto que pasamos tanto tiempo juntos y conocemos bien sus defectos, nos resulta fácil criticarla, enfadarnos con ella por el menor motivo y culparla de hacernos la vida insoportable. Si no nos esforzamos de manera continua por controlar nuestro enfado en cuanto surja, nuestra relación se deteriorará. Aunque dos personas estén enamoradas, si se enfadan con frecuencia, sus momentos de felicidad irán disminuyendo. Finalmente, llegará un momento en que antes de recuperarse de una discusión, estarán empezando otra. Como una flor rodeada de malas hierbas, es imposible que el amor sobreviva en estas condiciones.

En una relación cercana, todos los días surgen numerosas ocasiones para enfadarnos. Por lo tanto, para evitar que se acumulen los malos sentimientos, debemos controlar el enfado en cuanto empiece a surgir en nuestra mente. Después de cada comida, fregamos los platos sin esperar a que termine el mes, puesto que no queremos vivir en una casa desordenada ni tener que encontrarnos al final con un trabajo enorme y desagradable. De igual modo, debemos esforzarnos por limpiar la suciedad de nuestra mente en cuanto aparezca, porque si permitimos que se acumule, nos resultará cada vez más difícil hacerlo y pondremos en peligro nuestra relación. Debemos recordar que cualquier situación que pueda provocar nuestro enfado es también una oportunidad para practicar la paciencia. Además, una relación con muchos roces y conflictos de intereses es una excelente oportunidad para reducir la estimación propia y el aferramiento propio, las causas verdaderas de todos nuestros problemas. Si ponemos en práctica las enseñanzas sobre la paciencia que se ofrecen en este libro, podremos transformar nuestras relaciones en oportunidades para el desarrollo espiritual.

Con el enfado y el odio convertimos a los demás en enemigos. Por lo general creemos que el enfado surge cuando nos encontramos con una persona desagradable, pero en realidad es nuestro propio enfado el que transforma a esa persona en nuestro imaginado enemigo. El que vive dominado por su enfado tiene una visión paranoica del mundo y se siente rodeado de enemigos de su propia creación. La falsa creencia de que todos lo odian puede ser tan abrumadora que le cause la locura, convirtiéndose así en víctima de su propio engaño.

A menudo ocurre que en un grupo de personas una de ellas culpa a las demás de los problemas que tienen, aunque en realidad suela ser ella misma la responsable de todas las discordias. Se cuenta la historia de una anciana tibetana que solía discutir y pelearse con los demás, y que resultaba tan conflictiva que terminaron por expulsarla de la aldea donde vivía. Cuando llegó a otra aldea, le preguntaron por qué había abandonado su hogar, y respondió: «Allí son todos unos malvados y me marché para librarme de ellos». Los que la escuchaban pensaron que era muy raro que todos los habitantes de esa aldea fueran tan malos y que la mala persona debía de ser ella. Temiendo que la anciana solo les causara problemas, también la echaron de la aldea.

Es importante identificar la verdadera causa de nuestra infelicidad. Si continuamente culpamos a los demás de nuestras dificultades, esto es una clara indicación de que todavía tenemos muchas faltas y problemas en nuestra mente. Si de verdad tuviéramos paz en nuestro interior y controláramos la mente, no nos alteraríamos ante las circunstancias adversas o personas conflictivas, por lo que no culparíamos a los demás ni los consideraríamos nuestros enemigos. La persona que ha subyugado su mente y ha eliminado su odio por completo considera que todos los seres son sus amigos. Por ejemplo, el Bodhisatva, cuya única motivación es beneficiar a los demás, no tiene enemigos. Aunque, por lo general, nadie desearía perjudicarlo, si alguien le causara algún daño, no lo consideraría su enemigo. Gracias a su práctica de la paciencia, su paz interior permanecería inalterable y su amor y respeto por su atacante no disminuirían. Este es el poder de una mente controlada. Por lo tanto, para acabar con todos los enemigos, solo tenemos que eliminar el odio de nuestra mente.

No debemos pensar que esta sea una meta inalcanzable. Siguiendo los métodos apropiados, numerosas personas se han curado por completo de sus enfermedades físicas. Del mismo modo, es posible eliminar la enfermedad interna del odio y muchos practicantes espirituales en el pasado lo han logrado. Ahora disponemos de métodos para liberarnos de esta destructiva perturbación mental, cuya eficacia ha sido comprobada por las personas que los han puesto en práctica, y no hay razón por la que no nos vayan a funcionar a nosotros. ¡Qué maravilloso sería el mundo si no existiera el odio! No habría peligro de que estallara ninguna guerra, los ejércitos ya no serían necesarios y los soldados tendrían que buscar otro empleo. Podríamos deshacernos de las ametralladoras, los tanques y las armas atómicas –instrumentos que solo son útiles para las mentes de odio–, puesto que se acabarían todos los conflictos, desde las peleas entre personas hasta las guerras entre naciones. Incluso si el logro de esta paz y armonía universal nos parece una utopía, al menos podemos pensar en la libertad y la paz interior de que disfrutaremos a nivel personal si conseguimos liberarnos por completo de la mente engañosa y destructiva del odio.

Después de comprender las numerosas faltas del odio, debemos observar de cerca nuestra mente en todo momento. En cuanto nos demos cuenta de que nos vamos a enfadar, por ejemplo, al fijarnos en los defectos de los demás y culparlos del malestar que sentimos, hemos de recordar de inmediato las desventajas del odio. Al comprender que enfadarnos no resolverá nada y que solo aumentará nuestro sufrimiento y el de los demás, debemos esforzarnos por pensar de manera más constructiva.

Si somos capaces de reconocer los malos pensamientos antes de que se conviertan en odio, no será muy difícil controlarlos. De este modo, no correremos el riesgo de reprimir nuestro enfado y de que se convierta en rencor. Controlar el enfado no es lo mismo que reprimirlo. Esto último lo hacemos cuando el odio ya ha surgido por completo en nuestra mente pero no lo reconocemos. Fingimos no estar enfadados y así nos engañamos a nosotros mismos y a los demás, y controlamos su manifestación externa, pero no el odio propiamente dicho. Esto es muy peligroso porque el enfado continuará creciendo oculto en nuestra mente, cada vez con más fuerza hasta que un día termine desbordándose.

En cambio, cuando dominamos el enfado, sabemos con precisión lo que está ocurriendo en nuestra mente. Reconocemos con sinceridad los primeros brotes de odio que aparecen en nuestra mente por lo que son, sabemos que dejarlos crecer solo nos aportará sufrimiento y tomamos la libre y consciente decisión de responder de manera más constructiva. Si hacemos esto con destreza, evitaremos que el odio se desarrolle y no tendremos nada que reprimir. Cuando aprendamos a controlar y superar el enfado de este modo, seremos siempre felices, tanto en esta vida como en las futuras. Por lo tanto, aquellos que desean ser felices deben esforzarse por liberar su mente del veneno del odio.

En resumen, mientras nuestra mente esté llena de odio, no disfrutaremos de felicidad ni en esta vida ni en las futuras. El odio es nuestro verdadero enemigo y, mientras no lo expulsemos de nuestra mente, continuará causándonos sufrimientos inconcebibles. Por lo tanto, en lugar de culpar a las circunstancias externas o a los demás y considerarlos nuestros enemigos, hemos de reconocer que el verdadero responsable de nuestro sufrimiento es el odio que tenemos en la propia mente. Luego, hemos de proteger la mente de manera continua con la retentiva y la vigilancia mental, y aprovechar cualquier oportunidad para liberarnos de su influencia destructiva.

Por qué nos enfadamos

Para reducir el odio y finalmente eliminarlo, debemos abordar el problema de dos maneras. Primero, hemos de reconocer con claridad sus numerosas faltas, que ya se han descrito, e identificar este venenoso engaño, y no ninguna fuerza externa, como nuestro verdadero enemigo. Este reconocimiento despierta en nosotros la necesidad urgente de liberarnos del odio lo antes posible. Si nos damos cuenta de que hemos ingerido un veneno, desearemos contrarrestarlo lo antes posible porque sabemos el daño que puede causarnos. Sin embargo, el veneno interno del odio nos perjudicará mucho más que cualquier veneno externo, puesto que lo hará incluso en las vidas futuras. Por lo tanto, ¡cuánto mayor debería ser nuestro deseo de eliminarlo!

En segundo lugar, hemos de comprender en profundidad por qué nos enfadamos y luego esforzarnos por eliminar las causas que hemos descubierto de nuestro odio. La causa raíz del odio y de las demás perturbaciones mentales es la ignorancia del aferramiento propio innato: la creencia equívoca que aprehende el yo y los demás fenómenos como si existieran de manera inherente. Si eliminamos esta ignorancia, no habrá fundamento para sentirnos insatisfechos o infelices ni para generar perturbaciones mentales. El aferramiento propio es un hábito muy arraigado en nuestra mente, y para eliminarlo por completo es necesario alcanzar una realización directa de la vacuidad, lo cual no se consigue de la noche a la mañana. No obstante, como hay otras causas más inmediatas de nuestro enfado, que podemos evitar ahora, merece la pena que nos concentremos en hacerlo al comienzo de nuestra práctica.

El odio es una reacción ante las sensaciones de infelicidad que sentimos, que surgen cuando nos enfrentamos con circunstancias desagradables. Si no logramos satisfacer nuestros deseos o nos encontramos en una situación que nos disgusta, es decir, cuando tenemos que enfrentarnos a algo que preferiríamos evitar, nuestra mente incontrolada reacciona al instante sintiéndose mal. Este malestar puede convertirse con facilidad en odio y entonces nos sentiremos peor que antes.

Resulta muy revelador analizar las situaciones en las que nos enfadamos. Descubriremos que en la mayoría de los casos nos enfadamos cuando no se cumplen nuestros deseos o no conseguimos lo que queremos. Por ejemplo, si un hombre tiene un fuerte deseo de estar con su amante, se sentirá muy molesto con toda persona o circunstancia que se lo impida. Si su amante no quiere verlo o lo abandona por otra persona, su malestar se puede transformar con facilidad en ira.

Es muy importante aprender nuevas maneras de reaccionar ante las decepciones y frustraciones. Puesto que no podremos satisfacer todos nuestros deseos y antojos, debemos ser más realistas y equilibrados con respecto a ellos.

La segunda de las razones principales por las que nos sentimos infelices y nos enfadamos es tener que enfrentarnos con situaciones que no queremos o nos resultan desagradables. Cada día nos encontramos con numerosas circunstancias desagradables, desde recibir un pisotón o discutir con nuestra pareja hasta descubrir que se ha incendiado nuestra casa o que tenemos cáncer, y nuestra manera habitual de reaccionar ante estas adversidades es sentirnos infelices y enfadarnos. Sin embargo, por mucho que lo intentemos, no podemos evitarlas. No podemos asegurar que a lo largo del día no nos vaya a ocurrir ninguna desgracia, ni siquiera podemos prometer que no vayamos a morir hoy mismo. En el samsara no tenemos control de lo que nos va a ocurrir.

Puesto que no podemos satisfacer todos nuestros deseos ni impedir que nos ocurra nada desagradable debemos encontrar otro modo de reaccionar ante estas dificultades. Hemos de aprender a practicar la paciencia de aceptar las adversidades.

La paciencia es una mente que acepta por completo y con alegría cualquier circunstancia en la que nos encontremos. No se trata solo de mordernos la lengua y aguantar lo que nos caiga encima. Ser paciente es aceptar con sinceridad la situación sin pensar que debería ser de otro modo. Siempre es posible tener paciencia, no existe ninguna circunstancia tan adversa que no sea posible aceptarla con una mente apacible, abierta y flexible.

Cuando la virtud de la paciencia está presente en nuestra mente, es imposible que nos gobiernen los malos pensamientos. Existen numerosos ejemplos de personas que han conseguido tener paciencia incluso en circunstancias extremas, como al ser torturadas o sufrir los estragos de las etapas terminales de un cáncer. Aunque tenían el cuerpo completamente deteriorado sin esperanza de recuperación, en el fondo sus mentes permanecían en paz. Si aprendemos a aceptar las pequeñas dificultades e infortunios de la vida diaria, nuestra capacidad para tener paciencia aumentará y descubriremos por experiencia propia la felicidad y libertad que nos aporta esta virtud.

Si practicamos la paciencia de aceptar voluntariamente el sufrimiento, mantendremos la serenidad incluso al experimentar dolor y sufrimiento. Si mantenemos en todo momento este estado mental apacible y positivo con la ayuda de la retentiva mental, no podrán surgir los sentimientos de infelicidad. En cambio, si nos concentramos en los malos pensamientos, no podremos impedir que surja el odio. Por esta razón, Gueshe Chekhaua dice: «Depende siempre solo de una mente feliz».

Como ya se ha mencionado, la razón principal por la que nos sentimos infelices es que no se cumplen nuestros deseos o que nos encontramos en circunstancias desagradables. Sin embargo, como Shantideva dice en su *Guía de las obras del Bodhisatva*:

«Si algo tiene solución,
¿qué necesidad hay de preocuparse?,

y si no la tiene,
tampoco sirve de nada hacerlo».

Si es posible solucionar una situación difícil y desagradable,
¿qué sentido tiene sentirnos desdichados?, y si es imposible
remediarla o satisfacer nuestros deseos, tampoco sirve de
nada disgustarnos. ¿Qué ganamos con sentirnos desdichados?
Este razonamiento es muy útil porque podemos aplicarlo en
cualquier circunstancia.

Aceptar con paciencia las adversidades no significa que
no hagamos nada por mejorar nuestra situación. Si es posible mejorarla, por supuesto que debemos hacerlo, pero sin
ser impacientes o sentirnos desdichados. Por ejemplo, si nos
duele la cabeza, no es contradictorio practicar la paciencia y
tomar un analgésico, pero hasta que este surta efecto hemos
de aceptar el malestar con serenidad y paciencia. Si en lugar
de aceptarlo, nos disgustamos y lo rechazamos, nos estresare-
mos y, como resultado, tardará más en desaparecer. Mientras
permanezcamos en el samsara, no podemos evitar las circunstancias difíciles y desagradables ni cierto malestar físico, pero
si aprendemos a afrontarlos de una manera más realista, nos
evitaremos mucho sufrimiento mental innecesario.

Existen innumerables situaciones en las que podemos sentirnos infelices con facilidad. Cuando nuestros familiares,
amigos o nosotros mismos somos maltratados o acusados,
o nos ocurre alguna desgracia, normalmente nos afligimos.
También nos sucede esto cuando tenemos problemas en
nuestras relaciones, dificultades económicas o mala salud;
cuando perdemos algo que apreciamos, cuando nos aflige

la soledad o no encontramos el momento para estar solos; cuando no tenemos trabajo o estamos demasiado ocupados, cuando no se cumplen nuestros deseos y sueños o, una vez cumplidos, nos dejan insatisfechos y nos sentimos vacíos; cuando fracasamos o cuando tenemos éxito y este nos produce más estrés del que podemos soportar o cuando las personas que nos desagradan prosperan, la lista no tiene fin. En cualquiera de estas situaciones, la infelicidad puede hacernos pensar que los demás o la vida misma son injustos con nosotros, con lo cual nos deprimiremos aún más.

En lugar de reaccionar ciegamente y dejarnos llevar por las emociones habituales, hemos de analizar si es útil o realista disgustarnos en estas circunstancias. No tenemos que sentirnos mal solo porque las cosas no marchen como queremos. Aunque esta ha sido nuestra manera habitual de reaccionar ante las dificultades, ahora que sabemos que no funciona, podemos responder de manera más realista y constructiva.

A menudo se piensa que aceptar con paciencia es adoptar una actitud pasiva ante aquellos problemas que no tenemos la capacidad o el coraje de solucionar. Sin embargo, en realidad, ser paciente no tiene nada que ver con adoptar una actitud pasiva. Enfadarse ante las dificultades o cuando alguien nos insulta no tiene ningún mérito ni implica valentía alguna, reaccionar así es dejarse vencer por los engaños. En cambio, si hacemos frente a nuestras perturbaciones mentales y no nos dejamos dominar por las habituales actitudes de intolerancia y de rechazo que tenemos tan arrigadas, estaremos actuando de manera activa y con fortaleza.

En realidad, la mayoría de los problemas emocionales

surgen de nuestra incapacidad para aceptar las cosas tal y como son –la solución no es intentar cambiar las circunstancias externas, sino practicar la paciencia–. Por ejemplo, muchos de los problemas que tenemos en nuestras relaciones surgen por no aceptar a nuestra pareja tal y como es. En este caso, la solución no es intentar convertirla en lo que nos gustaría que fuera, sino aceptarla tal y como es. La práctica de aceptar con paciencia puede realizarse a diferentes niveles. Es posible que ya nos esforcemos por aceptar las peculiaridades de nuestra pareja, no la critiquemos y que por lo general intentemos complacer sus deseos, pero ¿hemos dejado de juzgarla en lo más profundo del corazón? ¿Hemos dejado de guardarle rencor y de culparla? ¿No pensamos todavía en ocasiones que debería ser diferente de como es? La verdadera paciencia implica abandonar todas estas actitudes.

Si aceptamos a los demás de corazón tal y como son, sin juzgarlos y sin la mínima reserva, al igual que nos aceptan los seres iluminados, no habrá fundamento para tener problemas en nuestras relaciones. Los problemas no existen fuera de nuestra mente, así que cuando dejemos de considerar que los demás son los problemas, dejarán de serlo. La persona que resulta ser un problema para la mente que no la acepta no existe en el espacio abierto y apacible de la paciencia que sabe aceptar.

Aceptar con paciencia no solo nos ayuda a nosotros mismos, sino también a aquellos con los que somos pacientes. Ser aceptado te hace sentir muy diferente a ser juzgado. Cuando alguien se siente juzgado, de inmediato se pone tenso y a la defensiva, pero si se siente aceptado, se relaja y comienzan a aflorar sus buenas cualidades. La paciencia soluciona siempre nuestros problemas internos y a menudo también los conflictos que tenemos con los demás.

En los capítulos siguientes, se ofrecen varios razonamientos que podemos utilizar para familiarizar nuestra mente con la práctica de aceptar con paciencia.

Cómo aprender a aceptar el sufrimiento

Hay tres situaciones en las que debemos aprender a ser pacientes: (1) cuando experimentamos sufrimiento, dificultades o desilusiones, (2) cuando practicamos el Dharma y (3) cuando nos critican o perjudican. Por lo tanto, también existen tres clases de paciencia: (1) la de aceptar voluntariamente el sufrimiento, (2) la de pensar definitivamente sobre el Dharma y (3) la de no vengarse. Estas tres clases de paciencia no son fáciles de generar y al principio hasta pueden parecernos extrañas cuando leemos sobre ellas. Sin embargo, cuando las comprendamos con claridad y las pongamos en práctica con sinceridad y destreza, liberarán nuestra mente de uno de los engaños más obsesivos y violentos, el odio, y nos proporcionarán mucha paz y felicidad. Por lo tanto, merece la pena perseverar en estas prácticas aunque al principio nos parezcan raras o incluso contranaturales.

Para poner en práctica la primera clase de paciencia, la de aceptar voluntariamente el sufrimiento que no podemos evitar, debemos recordar que allá donde nos encontremos en el samsara, son pocas las condiciones que proporcionan felicidad y, en cambio, abundan las causas de las desgracias. Esta es la naturaleza del samsara: los sufrimientos son innumerables y las alegrías escasas. Además, nuestro sufrimiento es el resultado de las acciones que hemos cometido en el pasado y si no lo padecemos nosotros, ¿quién ha de hacerlo? Por lo tanto, no debemos rechazar lo inevitable, sino aprender a aceptarlo.

Si aprendemos a aceptar el sufrimiento inevitable, nunca tendremos pensamientos que nos hagan sentir infelices. Hay innumerables circunstancias difíciles y desagradables que son inevitables, pero la infelicidad y el enfado que por lo general nos provocan sí que los podemos evitar. Son estas reacciones que habitualmente tenemos ante las dificultades, y no estas últimas, las que perturban cada día nuestra paz interior y nuestra práctica espiritual.

Cuando aprendemos a aceptar con paciencia las dificultades, el verdadero problema desaparece. Por ejemplo, imaginemos que padecemos una enfermedad física dolorosa. Si encontramos una manera de aceptar el dolor, por ejemplo, pensando que esta es una forma de consumir el karma negativo, nuestra mente permanecerá serena aunque sintamos dolor en el cuerpo. Además, puesto que el dolor que sentimos en el cuerpo tiene mucha relación con la tensión y el estrés acumulados en nuestra mente, al relajarla, puede ocurrir que el dolor físico disminuya y el cuerpo se recupere por sí mismo. En cambio, si nos negamos a afrontar el malestar de manera realista, culpamos a la enfermedad y nos deprimimos, no solo tendremos que soportar el sufrimiento adicional de estar atormentados, sino que además es muy probable que aumente también nuestro dolor físico.

Por lo tanto, si reaccionamos con impaciencia ante las dificultades y nos enfadamos, no hacemos más que empeorar la situación. Al destruir los méritos o potencial positivo que hemos acumulado en nuestra mente, el odio hace que nos resulte muy difícil colmar nuestros deseos y, al impulsarnos a cometer acciones perjudiciales, siembra las semillas para experimentar más sufrimiento en el futuro. En resumen, el odio nos hace perder la paz y el bienestar que disfrutamos ahora, nos roba la felicidad futura y nos obliga a padecer sufrimientos vida tras vida.

Los beneficios de aceptar con paciencia el sufrimiento son numerosos. Además de permitirnos conservar la calma y mantener una actitud positiva en circunstancias dolorosas, nos ayuda a obtener una visión clara y desapasionada de la naturaleza de nuestra situación en el samsara. Con solo reconocer que experimentamos dolor y malestar por el mero hecho de estar atrapados en el samsara, es decir, que nacemos, vivimos y morimos en un estado de ignorancia y confusión, lograremos una estabilidad mental especial.

Nuestro verdadero problema no son las enfermedades físicas, las relaciones conflictivas con los demás o las dificultades económicas por las que estemos pasando, sino el hecho de estar atrapados en el samsara. Este reconocimiento es la base para generar renuncia, el deseo espontáneo de liberarnos por completo de toda insatisfacción, que a su vez es el fundamento para alcanzar realizaciones más elevadas que nos conducen a la felicidad ilimitada de la liberación y la iluminación. Sin embargo, solo la mente clara y abierta que sabe aceptar con paciencia puede reconocer esto. Mientras no aceptemos las dificultades que se nos presentan en la vida, pensando que las cosas deberían ser de otro modo y culpando a los demás o a las circunstancias externas de nuestra infelicidad, no tendremos nunca la claridad o el espacio mental para darnos cuenta de qué es lo que realmente nos mantiene atrapados. La paciencia nos permite reconocer con claridad los hábitos mentales que nos mantienen atrapados en el samsara para así empezar a eliminarlos. Por lo tanto, la paciencia es el fundamento de la libertad y el gozo imperecederos de la liberación.

Por lo general, deseamos liberarnos de las sensaciones desagradables con tanta urgencia que no nos da tiempo a descubrir de dónde proceden. Supongamos que una persona a quien hemos ayudado reacciona con ingratitud, que nuestra pareja no corresponde a nuestras muestras de afecto o que un colega o nuestro jefe nos desprecia continuamente e intenta hacernos perder la confianza en nosotros mismos. Estas situaciones resultan dolorosas y nuestra manera habitual de reaccionar es intentando eliminar de inmediato el malestar que nos producen y para ello nos ponemos a la defensiva, acusamos a los demás, buscamos venganza o nos endurecemos de corazón. Por desgracia, al reaccionar con tanta prisa, no nos damos tiempo para analizar lo que ocurre en nuestra mente. En realidad, las sensaciones dolorosas que generamos en tales situaciones se pueden tolerar. No son más que sensaciones, unos momentos de mal tiempo en nuestra mente, y no pueden causarnos un perjuicio duradero. No deberíamos tomárnoslas tan en serio. Solo somos una persona entre los innumerables seres y unos momentos de sensaciones desagradables en la mente de un solo ser no es ninguna catástrofe.

Al igual que en el cielo hay espacio para que se produzca una tormenta, también lo hay en nuestra mente para que surjan sensaciones desagradables; y del mismo modo que una tormenta no tiene capacidad para destruir el cielo, estas sensaciones tampoco pueden destruir nuestra mente. Cuando aparecen, no debemos asustarnos y perder el control, sino aceptarlas con paciencia, experimentarlas, analizar su naturaleza e investigar de dónde proceden. De este modo, descubriremos que las sensaciones desagradables no vienen del exterior, sino de nuestra propia mente. Las circunstancias y los demás seres no tienen la capacidad para producirnos malestar, lo único que pueden hacer es activar el potencial para que experimentemos sensaciones desagradables que ya tenemos en nuestra mente. Este potencial o impresión kármica es el residuo de las acciones perjudiciales que cometimos en el pasado bajo el control de las perturbaciones mentales, cuya raíz es la ignorancia del aferramiento propio. Si aceptamos las sensaciones desagradables con paciencia y no nos aferramos a ellas, purificaremos el potencial kármico del que surgieron y no tendremos que volver a experimentar ese karma.

Además, las sensaciones desagradables solo surgen y permanecen en nuestra mente debido al aferramiento propio que ahora tenemos. Si analizamos nuestra mente con detenimiento cuando sentimos emociones conflictivas, descubriremos que estas siempre van acompañadas del aferramiento propio. Es principalmente nuestro aferramiento al yo y mío con existencia inherente lo que nos hace sufrir. El dolor está vinculado de manera inseparable a nuestro aferramiento al yo y mío, puesto que pensamos con intensidad: «Me han ofendido» o «han herido mis sentimientos». La intensidad de nuestro sufrimiento es directamente proporcional a la de nuestro aferramiento propio. Aunque no podamos eliminar este último de inmediato, si nos distanciamos del malestar lo suficiente para poder apreciar que su verdadera causa es el aferramiento propio, debilitaremos el poder de este engaño.

Existe una gran diferencia entre pensar: «Me encuentro mal» y pensar: «Una sensación desagradable está surgiendo en mi mente». Cuando nos identificamos con nuestras sensaciones, las exageramos y las hacemos más duras y sólidas de lo que son, y entonces nos resulta mucho más difícil dejar pasar el malestar. En cambio, si no nos aferramos tanto a nuestras sensaciones y las consideramos como olas en el océano de nuestra mente, nos resultarán menos aterradoras y más fáciles de manejar de manera positiva.

La práctica de la paciencia conlleva sus dificultades pero no debemos desanimarnos por ellas. En la antigua India había ascetas que soportaban intensos dolores y se mortificaban para venerar a sus dioses, y hoy día también hay numerosos ejemplos de deportistas, bailarines, modelos, soldados, etcétera, que realizan grandes sacrificios y se castigan físicamente para desempeñar su trabajo. Otras personas soportan enormes dificultades de forma voluntaria para ganar dinero o mejorar su reputación. Si ellos toleran tantas dificultades solo para lograr objetivos mundanos, ¿por qué no podemos nosotros aceptar las dificultades y adversidades que conlleva la búsqueda de la felicidad última de la iluminación y el bienestar de todos los seres sintientes? Sin lugar a dudas, vale la pena soportar algunas incomodidades para lograr esta meta. ¿Por qué nos desanimamos con tanta facilidad ante las pequeñas dificultades que conlleva la vida humana?

Si nos familiarizamos con la paciencia de aceptar voluntariamente el sufrimiento, nuestros problemas y dificultades terminarán por desaparecer. Puesto que todo depende del poder de la familiaridad, cuando nos acostumbramos a hacer algo, lo podemos completar sin dificultad. Si ahora no aprendemos a aceptar los sufrimientos relativamente pequeños de la vida cotidiana, en el futuro tendremos que padecer otros mucho peores. En cambio, si aprendemos a tener paciencia con pequeñas molestias, como las críticas, la falta de popularidad o las difamaciones, iremos adquiriendo la capacidad para sobrellevar mayores dolores y sufrimientos. Finalmente, podremos aceptar con una mente apacible y feliz cualquier sufrimiento, como el calor, el frío, el hambre, la sed, las enfermedades, el encarcelamiento, los malos tratos e incluso la muerte. De este modo, viviremos sin temor, sabiendo que podemos aceptar cualquier situación que surja y transformarla en el camino espiritual.

Con la siguiente analogía, Shantideva nos muestra cómo mejorar nuestra paciencia de aceptar voluntariamente el sufrimiento. Cuando un soldado curtido en combate es herido en una batalla y ve su propia sangre, grita desafiante con mayor fuerza a sus enemigos y se arma de valor. Sin embargo, alguien que no esté familiarizado con la lucha se desanimará con solo ver la sangre de otra persona e incluso es posible que pierda las fuerzas hasta desmayarse. Ambos soldados ven sangre humana derramada, pero ¿por qué uno se arma de valor y, en cambio, el otro se desanima? La diferencia estriba en su familiaridad con estas circunstancias. Cuanto más nos familiaricemos con la práctica virtuosa de aceptar voluntariamente el sufrimiento, más aumentará el poder de nuestra paciencia. Por lo tanto, cuando padezcamos sufrimientos, debemos recordar las enseñanzas sobre la paciencia para evitar que el malestar nos perjudique.

Cuando el sabio que desea alcanzar la iluminación se encuentra con dificultades o circunstancias adversas, las acepta y no permite que alteren su serenidad. Debemos comprender que nuestros peores enemigos son el odio y los demás engaños. Puesto que estos son hábitos mentales muy arraigados, no son siempre fáciles de superar. La persona que ha abandonado el tabaco o cualquier otra adicción sabe lo difícil que es luchar contra los malos hábitos. Aunque es inevitable padecer ciertos sufrimientos en el transcurso de nuestra práctica espiritual, si recordamos los innumerables beneficios de superar nuestras faltas, podremos aceptarlas con facilidad. Al fin y al cabo, el sufrimiento que podemos encontrar cuando nos esforzamos por vencer nuestras faltas es insignificante en comparación con el que nos espera si no lo hacemos.

La persona que acepta el sufrimiento y vence al enemigo del odio y las demás perturbaciones mentales merece el nombre de *héroe* o *heroína*. Por lo general, es así como llamamos a los que matan a sus enemigos en el campo de batalla, pero en realidad no son verdaderos héroes porque sus enemigos ya iban a morir antes o después. Lo que han hecho es como matar cadáveres. Sin embargo, los enemigos internos, las perturbaciones mentales, nunca tienen una muerte natural. Si no nos esforzamos en liberar nuestra mente de estos persistentes adversarios, nos mantendrán encerrados en la prisión del samsara, como han hecho desde tiempo sin principio.

Puesto que el sufrimiento puede ayudarnos a alcanzar realizaciones espirituales, para el practicante de Dharma no tiene que ser una experiencia negativa. Si meditamos sobre nuestro propio sufrimiento, comprenderemos muchas cosas y adquiriremos buenas cualidades. Reconocer que somos vulnerables reduce la arrogancia y el orgullo perturbador, y darnos cuenta de que nuestro sufrimiento presente es solo una señal de que estamos en el samsara nos ayuda a cultivar la renuncia. Además, podemos utilizar nuestro sufrimiento para comprender el de los demás. Una vez que hemos aprendido a aceptar con paciencia nuestro sufrimiento, si pensamos en el de todos los demás seres sintientes que están atrapados en el samsara, generaremos compasión de manera natural.

La renuncia y la compasión son las dos realizaciones espirituales más importantes y es nuestro sufrimiento lo que nos ayuda a cultivarlas. La persona que no aprenda a afrontar con valentía la verdad del sufrimiento y a aceptar sus problemas con paciencia, no solo se sentirá infeliz y desvalida, sino que además estará perdiendo la oportunidad de alcanzar verdaderas realizaciones espirituales.

La bandera preciosa de la victoria

Vence al enemigo de tus engaños

La paciencia de pensar definitivamente sobre el Dharma

Cuando nos adiestramos en el Dharma con paciencia y alegría, estamos practicando la paciencia de pensar definitivamente sobre el Dharma. Esta paciencia es necesaria porque si realizamos las prácticas espirituales con impaciencia o con la mente descontenta, no podremos avanzar en el camino espiritual ni cultivar la sabiduría. Aunque nos resulten difíciles algunos aspectos de nuestra práctica, debemos seguir adiestrándonos con alegría.

En su *Guía de las obras del Bodhisatva,* Shantideva presenta esta clase de paciencia desde un punto de vista algo diferente. Según su exposición, practicamos la paciencia de pensar definitivamente sobre el Dharma cuando aplicamos nuestro entendimiento de las enseñanzas de Dharma más profundas, como las que tratan sobre la vacuidad y la relación dependiente, para reforzar nuestra experiencia de esta virtud.

Es importante practicar esta clase de paciencia porque el único método directo para eliminar por completo el sufrimiento y las perturbaciones mentales es la sabiduría que realiza la vacuidad. Si utilizamos nuestras experiencias de sufrimiento físico y mental como oportunidades para mejorar nuestro entendimiento de la vacuidad, no solo soportaremos mejor el dolor, sino que también lograremos una experiencia bastante más profunda de la vacuidad. Por lo general, cuando experimentamos sufrimiento, nuestro aferramiento propio se manifiesta con mayor intensidad de lo normal, con lo cual resulta más fácil de identificar y nuestra meditación en la vacuidad producirá un efecto más profundo en nuestra mente. Además, el dolor nos obliga a reflexionar con detenimiento sobre su naturaleza y las causas que lo producen, y así nos ayuda a comprender cada vez con más profundidad la verdad de la vacuidad.

Cuando una persona padece una enfermedad como el cáncer, experimenta mucho sufrimiento físico. ¿Cuál es la causa de este dolor? La enfermedad. De igual manera, si alguien nos pega con un palo en la cabeza, también nos duele. ¿Cuál es la causa de este dolor? El agresor con el palo. Si en ambos casos experimentamos dolor, ¿por qué tendemos más a enfadarnos con el agresor que con la enfermedad?

La respuesta evidente es que enfadarse con una enfermedad no es apropiado porque esta no decide hacernos daño. La enfermedad surge cuando se reúnen las causas y condiciones necesarias para que aparezca, no es un agente independiente que decida perjudicarnos. Por lo tanto, es evidente que el odio no es una reacción apropiada. Entonces, si no nos enfadamos con la enfermedad, tampoco deberíamos hacerlo con la persona que nos perjudica. ¿Por qué? Porque ella tampoco es un agente libre e independiente, solo actúa bajo el poder de sus engaños. Si nos vamos a enfadar con algo, deberíamos hacerlo con sus perturbaciones mentales.

Al igual que padecemos enfermedades aunque no lo deseemos, la persona que nos perjudica no elige padecer la enfermedad interna del odio. Es posible que pensemos que hay diferencia entre las enfermedades y la persona enfadada, puesto que aquellas no tienen la intención de perjudicarnos, mientras que esta sí. No obstante, debemos comprender que la persona que desea perjudicarnos carece de libertad, pues está bajo el control total del odio. Sin pensar de antemano: «Ahora me voy a enfadar», el odio surge y se apodera de su mente sin poder evitarlo.

Todos los defectos, las perturbaciones mentales y las acciones perjudiciales son el resultado de causas y condiciones, no tienen voluntad propia. El conjunto de condiciones que produce sufrimiento no tiene intención de causarlo, ni tampoco el sufrimiento resultante piensa: «He sido producido como resultado de la unión de determinadas condiciones». Por lo tanto, la persona enfadada, el odio mismo y el sufrimiento que produce carecen por completo de existencia independiente, solo existen en dependencia de sus causas y condiciones.

Todos los objetos, incluidos nuestros estados mentales, son fenómenos de relación dependiente; carecen de una naturaleza propia, independiente o autoexistente. Por lo tanto, no tiene sentido enfadarnos con personas o situaciones que nos perjudican sin elección. Si nos adiestramos en reconocer la naturaleza interdependiente de todos los fenómenos, reduciremos en gran medida la causa de nuestro odio.

Normalmente pensamos que tanto un agresor como su víctima tienen existencia inherente, pero esta manera de entender la situación es completamente errónea. En realidad, ambos dependen el uno del otro y carecen por completo de existencia inherente o independiente. Si intentamos aislar mentalmente al agresor de todos los demás fenómenos para identificar con exactitud al culpable, no podremos hacerlo porque no tiene una existencia independiente de los demás factores de la situación. El agresor depende de sus perturbaciones mentales, del karma de la víctima que lo impulsa a atacarla de tal modo en ese momento, de las circunstancias en que se produce la agresión, de su entorno personal y familiar, de la sociedad en la que vive, de sus vidas pasadas y del hecho de estar atrapado en un cuerpo y mente contaminados. Cuando buscamos de este modo al agresor, desaparece en una red infinita de relaciones, causas y condiciones: no hay una persona con existencia inherente a quien culpar.

De igual manera, es imposible encontrar la perturbación mental que motivó al agresor, la agresión misma, la víctima o su sufrimiento. Si alguien nos ataca, tenemos un fuerte sentimiento de que somos una víctima, pero si buscamos a esta víctima por medio de un análisis intentando aislarla de todos los demás fenómenos, no encontraremos nada. No hay nada que podamos identificar como víctima, donde esperábamos encontrarla con existencia inherente, solo encontramos una vacuidad, su completa inexistencia. La víctima es una mera designación, un componente nominal en la narración convencional de los hechos que existe en relación con los demás componentes nominales, pero que no hace referencia a ningún fenómeno real o que se pueda encontrar. Si analizamos la situación de este modo, descubriremos que no hay nadie a quien culpar ni nadie por quien sentir lástima. Todo desaparece en una misma vacuidad indiferenciable que constituye la verdadera naturaleza de todos los fenómenos.

También resulta útil analizar la naturaleza verdadera del dolor. ¿Qué es con exactitud el dolor? ¿Dónde está? ¿De qué está hecho? ¿De dónde viene? ¿Adónde va? ¿Qué relación tiene con nosotros, la persona que lo experimenta, o con la mente que se está haciendo estas preguntas? El dolor aparece de manera natural como algo sólido y real, con existencia inherente, pero cuando lo buscamos de forma analítica, intentando aislarlo mentalmente de todo aquello que no es dolor, no podemos encontrarlo. El dolor carece de existencia independiente y concreta. Esta ausencia de existencia inherente o vacuidad es la verdadera naturaleza del dolor. En la vacuidad no hay dolor. Este no es más que una mera apariencia en la mente, solo existe en la mente que no percibe su verdadera naturaleza. Al igual que un espejismo en el desierto se desvanece cuando lo buscamos, el dolor deja de existir cuando descubrimos su verdadera naturaleza.

Todos los efectos se producen a partir de causas, que a su vez surgen a partir de otras causas anteriores. Puesto que todas las causas y los efectos surgen en dependencia de otras causas y condiciones, carecen por completo de existencia inherente o independiente. Aunque todos los objetos parecen existir por su propio lado, en realidad son como ilusiones.

Si recordamos esto cuando tengamos dificultades, nuestro odio y demás engaños desaparecerán. Mantener este reconocimiento cuando nos encontramos en situaciones que nos provocan enfado forma parte de la práctica de la paciencia de pensar definitivamente sobre el Dharma.

Es posible que nos preguntemos que si todos los fenómenos son apariencias ilusorias, ¿quién debe refrenarse de generar qué odio? En un mundo ilusorio no sería necesario refrenarse de nada. Sin embargo, este razonamiento es incorrecto. Aunque los fenómenos son como ilusiones en el sentido de que carecen de existencia propia, seguimos experimentando sufrimiento, y eliminar este último depende del esfuerzo que pongamos en refrenarnos de generar engaños como el enfado. Aunque los fenómenos carecen de existencia independiente –y precisamente por eso mismo–, la ley de causa y efecto funciona de manera que las acciones perjudiciales producen sufrimiento, y las virtuosas, felicidad. Por lo tanto, no es correcto dejar que nos domine el enfado, porque este solo sembrará semillas de futuro sufrimiento.

Cuando estemos a punto de enfadarnos, debemos analizar nuestra situación y preguntarnos: «¿Quién se enfada?, ¿quién debe abandonar qué odio?». De este modo, comprobaremos que en realidad no hay nadie que se enfade ni odio alguno que abandonar. Como resultado, nuestro odio se desvanecerá. A nivel último no hay odio ni objeto de odio ni nadie que se enfade. Sin embargo, a nivel convencional el odio existe y causa sufrimiento, y por ello debemos abandonarlo.

En resumen, cuando alguien nos perjudica, debemos pensar: «Esta persona me hace daño solo porque está dominada por sus engaños y no puede actuar con libertad». De este modo podemos comprender que todos los objetos funcionales surgen a partir de causas y condiciones, evitaremos enfadarnos y estaremos felices en todo momento sin importar lo que suceda.

Si los fenómenos surgieran por voluntad propia y con libertad de elección, los seres sintientes nunca experimentarían sufrimiento porque nadie elegiría sufrir, sino ser siempre felices. Es evidente que debe haber otro modo de explicar el origen de nuestro sufrimiento. No sufrimos porque lo hayamos elegido, sino porque nuestra mente está controlada por la ignorancia del aferramiento propio. Desde tiempo sin principio el aferramiento propio ha controlado nuestra mente, lo que nos impide percibir las cosas como son en realidad y nos impulsa a cometer toda clase de acciones inapropiadas y perjudiciales. Esta es la razón por la que los seres sintientes sufren y hacen sufrir a los demás, no porque hayan elegido hacerlo. Cuando comprendamos esto en profundidad, nunca sentiremos odio hacia los demás. En lugar del enfado, la compasión surgirá de manera natural en nuestro corazón.

La rueda preciosa

Beneficia a los demás girando la rueda del Dharma

Cómo abandonar el deseo de venganza

Como ya se ha expuesto, el enfado posee numerosos inconvenientes, tanto visibles como ocultos, pero ¿cómo podemos combatir el deseo de venganza cuando alguien nos perjudica? La mejor manera de refrenar este instinto de vengarnos es combinar la paciencia de aceptar las adversidades con la compasión. Cuando una persona nos hace daño, además de pensar: «Solo me perjudica porque está dominada por sus engaños», debemos reconocer también: «Se está haciendo mucho daño a sí misma». Si adiestramos nuestra mente para ver las cosas de este modo, sentiremos compasión de manera espontánea y nuestros impulsos de odio y deseo de venganza desaparecerán.

Las personas se perjudican a sí mismas de diferentes y numerosas maneras. En su búsqueda de un compañero sentimental, riqueza o posición social, algunos se obsesionan tanto que pierden el apetito hasta casi morir de hambre. Otros, dominados por la codicia o el odio, incluso matan a sus propios padres destruyendo así toda esperanza de una vida feliz. Si observamos lo que ocurre a nuestro alrededor o leemos los periódicos, encontraremos innumerables ejemplos de personas que se causan terribles sufrimientos a sí mismas impulsadas por sus engaños. Las perturbaciones mentales son despiadadas y no benefician a nadie, y mucho menos al que está dominado por ellas. Teniendo en cuenta el daño que los seres se causan a sí mismos por culpa de sus perturbaciones mentales, no es de extrañar que también nos perjudiquen a nosotros en muchas ocasiones. Si lo contemplamos en profundidad, no solo abandonaremos nuestro deseo de venganza, sino que también sentiremos compasión por aquellos que intentan causarnos daño.

Bajo la influencia del odio, hasta las personas que normalmente se estiman a sí mismas por encima de todo son capaces incluso de suicidarse. Si los engaños pueden obligar a los seres a cometer acciones tan desesperadas, no debe sorprendernos que también los impulsen a hacer daño a los demás. Puesto que el odio puede esclavizar por completo a una persona, no tiene sentido mostrarnos hostiles con alguien que esté bajo su dominio. Si no podemos sentir compasión por un ser tan desafortunado, al menos debemos evitar enfadarnos.

La capacidad de no perder la calma cuando nos provocan y de sentir verdadera compasión por aquellos que quieren perjudicarnos es una señal de haber alcanzado elevadas realizaciones espirituales y el resultado de un intenso adiestramiento mental. Aunque no sería realista tener la esperanza de lograr esta capacidad de inmediato, si aprovechamos las oportunidades que nos ofrece la vida diaria para adiestrarnos en controlar el enfado con los métodos que se exponen a continuación, nuestra paciencia irá mejorando. De vez en cuando, por supuesto, nuestro arraigado hábito de enfadarnos volverá a manifestarse pero no debemos desanimarnos. Con perseverancia, poco a poco conseguiremos controlar el odio. Finalmente, no tendremos que hacer ningún esfuerzo para evitar enfadarnos porque esta ya no será nuestra reacción natural ante la provocación y las dificultades.

En primer lugar, debemos recordar en todo momento que el odio es el principal enemigo de todos, no es amigo de nadie. Nuestro enfado nunca nos ayuda a nosotros y el de los demás tampoco les ayuda a ellos. Lo único que el odio consigue es destruir nuestras virtudes y las de los demás, y solo causa infelicidad. Uno de los resultados de actuar dominados por el enfado es que en el futuro, tanto si renacemos como un ser humano como si no, tendremos una apariencia física desagradable. Ciertos animales y personas inspiran miedo y aversión en los demás. Nacer con un cuerpo desagradable, provocar aversión en los demás y enfadarnos con facilidad son resultados kármicos de la mente de odio, mientras que disfrutar de un cuerpo atractivo y una apariencia agradable lo son de practicar la paciencia.

Después de reconocer que el odio es nuestro peor enemigo, debemos tomar la determinación de no permitir que surja. Recordando esta determinación en la vida diaria, hemos de dejar de enfadarnos. Aunque esto puede parecer más fácil de decir que de hacer, si decidimos con firmeza no enfadarnos durante un día o al menos hasta el siguiente almuerzo, podremos conseguirlo. Luego, si logramos hacerlo durante un día, debemos intentarlo durante dos días, tres días, una semana, etcétera, hasta conseguir no enfadarnos durante el resto de nuestra vida. Eliminar el odio por completo es un gran trabajo, pero si lo hacemos poco a poco, no es tan difícil, y nuestra tendencia a enfadarnos se irá debilitando de manera gradual.

Cuando una persona nos perjudica, debemos analizar si es malvada por naturaleza o si su actitud es solo temporal. En el primer caso no tendría sentido enfadarnos con ella. Cuando nos quemamos, no culpamos al fuego porque sabemos que su naturaleza es arder. Del mismo modo, si la naturaleza de esta persona fuera hacer daño, no podríamos hacer nada al respecto y no tendría sentido enfadarnos con ella.

Por otro lado, si la maldad de nuestro agresor es solo una falta temporal que surge según cambien las circunstancias, tampoco tenemos por qué enfadarnos. Cuando llueve mucho, no nos enfadamos con el cielo porque comprendemos que la lluvia no forma parte de su naturaleza esencial; para que llueva, deben reunirse ciertas condiciones temporales, como una determinada temperatura, humedad y presión atmosférica. Por lo tanto, si la maldad de nuestro agresor no forma parte de su naturaleza esencial, ¿a quién debemos culpar del daño que nos causa? Los únicos culpables son sus engaños.

Imaginemos que una persona coge un palo y nos agrede. Lo más lógico sería enfadarnos con él puesto que al fin y al cabo nos ha hecho daño, ¿no es así? Si entonces un amigo intentara disuadirnos diciendo: «No te enfades con la persona, sino con el palo, que es la causa inmediata de tu dolor», lo más probable es que su razonamiento no nos convenciera y respondiéramos: «El palo no me ha pegado, sino la persona que lo sostiene. De no ser por ella, el palo no podría hacerme ningún daño. Por lo tanto, es con la persona con quien debo enfadarme».

Si consideramos que este razonamiento es válido para no enfadarnos con el palo, también debemos aplicarlo con respecto a nuestro agresor. Estaba dominado por el odio, al igual que el palo estaba manejado por él. Apenas tenía control de su mente y estaba a merced de sus perturbaciones mentales. Por lo tanto, si nos enfadamos porque alguien nos perjudica, debemos hacerlo con la verdadera causa de nuestro dolor: la perturbación mental del odio. El enfado dirigido contra los engaños de la persona, una vez que los hemos diferenciado de ella con claridad y reconocido que es su víctima, no es verdadero odio, sino una forma enérgica de compasión. Nuestro deseo es proteger a la persona de su enemigo interno del odio y utilizamos cualquier medio a nuestro alcance, ya sea pacífico o colérico, para liberarla de esta perturbación mental.

Es importante comprender que cuando practicamos la paciencia de no vengarnos, lo que nos concierne principalmente es nuestra reacción interna o mental ante las experiencias de dolor y malestar. Esto no significa que para practicar la paciencia debamos permanecer pasivos cuando una persona nos golpea o perjudica. Si podemos impedir que nos haga daño y que también se perjudique a sí misma, sin lugar a dudas debemos hacerlo. Sin embargo, la cuestión es cómo reaccionar mentalmente cuando nos han hecho daño. La práctica de la paciencia, y sin lugar a dudas de todas las enseñanzas de Buda, consiste en proteger nuestra mente. En definitiva, tanto el sufrimiento como la felicidad dependen de ella.

Otro poderoso método para abandonar el odio y el deseo de venganza es reconocer que todas las situaciones desagradables son un reflejo de nuestras propias faltas y limitaciones. Si, por ejemplo, alguien nos insulta, podemos recordar las enseñanzas sobre el karma y pensar: «Si yo no hubiera ofendido a nadie de modo similar en el pasado, ahora no recibiría este daño». Podemos utilizar el mismo razonamiento cuando estemos enfermos, heridos o tengamos cualquier otro problema. Nuestra capacidad para pensar de este modo dependerá de nuestra comprensión de las enseñanzas de la ley del karma y de nuestra familiaridad con ella. Cuando creamos con convicción en esta ley y comprendamos que recogemos siempre los frutos de nuestras acciones –de las virtuosas felicidad y de las perjudiciales sufrimiento–, podremos mantener la calma y paz interior incluso en las circunstancias más adversas. Podemos considerar el daño que recibimos como una purificación y sentir alivio porque es una manera de pagar las viejas deudas contraídas al cometer malas acciones. En lugar de disgustarnos y enfadarnos es mejor pensar de este modo, de lo contrario crearemos la causa para seguir padeciendo más dolor y angustia en el futuro.

Shantideva sugiere que cuando seamos víctimas de una agresión, recordemos que el daño que recibimos tiene dos causas inmediatas: el arma utilizada y nuestro propio cuerpo. Puesto que solo cuando estos dos factores se encuentran experimentamos sufrimiento, ¿con cuál de los dos debemos enfadarnos? Si nos enfadamos con la persona que nos ataca o con el arma que utiliza, ¿por qué no hacemos lo mismo con nuestro cuerpo? Y si nunca nos enfadamos con nuestro cuerpo, ¿por qué hacerlo con el agresor y con el arma?

Para encontrar el sentido a este argumento, debemos entender por qué tenemos un cuerpo tan vulnerable y propenso al malestar y al dolor. Se dice que nuestro cuerpo humano está «contaminado» porque es el resultado de causas contaminadas. En vidas pasadas, por falta de sabiduría e impulsados por la ignorancia del aferramiento propio y el ansia, creamos el karma para obtener este cuerpo humano contaminado, cuya naturaleza es causar sufrimiento, al igual que la de un coche viejo es tener averías. Una vez que hemos obtenido un cuerpo contaminado, el sufrimiento físico es inevitable. Si no queremos experimentar sufrimiento físico en el futuro, debemos crear el karma para obtener un cuerpo puro no contaminado. Al igual que un cuerpo contaminado es el resultado del karma impuro que hemos creado motivados por la ignorancia del aferramiento propio, un cuerpo no contaminado se obtiene acumulando karma puro tras haber alcanzado una realización directa de la vacuidad. Mientras tengamos un cuerpo contaminado, debemos aceptar que el sufrimiento físico es inevitable. En lugar de culpar a las circunstancias externas, como las armas o los espinos, de nuestro dolor, hemos de reconocer que la base de nuestro sufrimiento y malestar físicos es tener un cuerpo contaminado, que hemos adquirido como resultado de las acciones que realizamos en el pasado.

Todos deseamos ser felices y liberarnos del sufrimiento, pero debido a nuestras perturbaciones mentales, como el odio, el apego, etcétera, no nos importa crear más causas para sufrir. El daño que recibimos es el resultado de las acciones que hemos cometido bajo la influencia de los engaños y, por lo tanto, es absolutamente incorrecto culpar a los demás de nuestro sufrimiento. ¿Qué razones tenemos entonces para enfadarnos?

Todos los sufrimientos del samsara, incluidos los de los infiernos más profundos, son causados por nuestras propias acciones. Los tormentos de los infiernos no son un castigo impuesto desde fuera por un dios ni por un demonio, sino la creación de las mentes perturbadas de los seres que los experimentan. De igual manera, nuestro sufrimiento actual tampoco es una imposición externa, sino el resultado de nuestro propio karma negativo. Incluso cuando una persona nos ataca, también es nuestro karma el que la impulsa a hacerlo. Esa persona no es más que un instrumento de nuestro karma y aunque ella no nos hubiera causado ningún daño, lo habríamos recibido de otra manera. No debemos culpar a los demás de nuestro sufrimiento, sino a nuestras propias perturbaciones mentales y acciones perjudiciales. El único método eficaz para evitar terribles sufrimientos es eliminar todos nuestros engaños y faltas en esta misma vida. Cuando consigamos controlar nuestra mente de este modo, no tendremos nada que temer en el samsara.

Debemos tener cuidado y no malinterpretar esta enseñanza de culpar a nuestros engaños. Aunque los culpables de nuestros problemas son los engaños y las acciones perjudiciales que hemos cometido, no significa que «nosotros» tengamos la culpa. En realidad, no somos más que víctimas de nuestras perturbaciones mentales y no sería justo acusar a una víctima de los crímenes de su agresor. Por ejemplo, si alguien nos roba es porque nosotros también hemos robado en vidas pasadas y, por lo tanto, la culpa es de nuestras perturbaciones mentales y acciones perjudiciales, y es evidente que no lo es de la persona que somos ahora. Ni siquiera podemos acusar a la persona que éramos entonces porque actuaba bajo la influencia de sus engaños. Por lo tanto, no tiene sentido culparnos de nuestros problemas y sufrimiento. Aunque no es culpa nuestra experimentar sufrimiento, debemos aceptar los malos resultados de nuestras acciones perjudiciales y afrontarlos de manera positiva.

Otra manera de superar nuestro deseo de venganza es analizar con detenimiento quién se perjudica y quién se beneficia cuando alguien nos hace daño. Cuando una persona se enfada con nosotros y nos hace daño, nos convertimos en el objeto que provoca su odio. Si no estuviéramos presentes, no se enfadaría. ¿Por qué se enfada con nosotros? No es normal que lo haga sin motivo alguno, en la mayoría de los casos habremos hecho algo que la haya ofendido y esta ha sido la condición inmediata que ha provocado su enfado. Aunque no hayamos hecho nada para ofenderla, a un nivel más profundo, lo que produce una situación en la que de forma natural se enfade con nosotros y nos perjudique es la maduración de nuestro karma negativo. Por lo tanto, puesto que la culpa no es de la persona, sino de la maduración de nuestras acciones pasadas, debemos tener paciencia. De este modo, mantendremos la calma y además nos libraremos del karma negativo que ha producido la situación. En realidad, esta persona nos ayuda a purificar nuestro karma negativo y a crear el karma inmensamente beneficioso de practicar la paciencia de aceptar el sufrimiento. Desde este punto de vista, podemos considerar que la persona que nos ha hecho daño es una fuente de felicidad para nosotros. Si dejamos a un lado nuestro limitado y estrecho punto de vista y analizamos de manera exhaustiva lo que realmente ocurre, comprenderemos que sus ofensas son, de hecho, fuente de numerosos beneficios para nosotros.

¿Qué beneficios obtendrá nuestro atacante al enfadarse con nosotros y hacernos daño? Puesto que somos el objeto de su odio, no será feliz en esta vida y sembrará las semillas para renacer en los reinos inferiores. Por lo tanto, en realidad somos nosotros quienes lo perjudicamos y él quien nos beneficia. Si es así, ¿cómo podemos enfadarnos con él? Al hacernos daño nos ofrece la oportunidad de practicar la paciencia y así nos ayuda a purificar nuestro karma negativo y acumular grandes méritos. En cambio, ¿qué hacemos nosotros por él? Como somos el objeto de su odio, lo incitamos a cometer acciones perjudiciales que lo arrojarán a los reinos inferiores. No sería correcto enfadarnos con un benefactor a quien le espera un futuro tan desafortunado.

Si nuestro objetivo principal en esta vida es alcanzar la paz y la felicidad duraderas de la liberación y la iluminación total, la riqueza interior de la virtud es más importante y valiosa que las posesiones materiales. El enemigo que nos invita a practicar la paciencia y, en consecuencia, a acumular una riqueza inagotable de virtud, es un tesoro de valor incalculable. Sin él, ¿cómo podríamos cultivar la virtuosa mente de la paciencia? Cuando alguien nos perjudica, nos ofende, nos critica, etcétera, nos brinda la oportunidad de acumular una inmensa riqueza interior. Por lo tanto, debemos considerar que nuestro enemigo es, en realidad, un benefactor que colma todos nuestros deseos.

La paciencia de no vengarse es una práctica poco común para la mayoría de nosotros, porque va en contra de nuestros hábitos más arraigados. Por lo tanto, no es de extrañar que nuestra mente se oponga con diferentes razonamientos a practicar esta virtud. Shantideva se anticipa a algunas de nuestras objeciones y las invalida como se expone a continuación.

Aunque practique la paciencia cuando alguien me hace daño, ¿no tendré que renacer en los reinos inferiores por ser su objeto de odio?

No. Si consideramos que nuestro enemigo nos resulta beneficioso y practicamos la paciencia cuando nos hace daño, no crearemos karma negativo y, por lo tanto, no tendremos que experimentar sufrimiento como resultado.

En ese caso, la persona que me hace daño tampoco sufrirá las malas consecuencias de su acción. Después de todo, me ofrece la oportunidad de practicar la paciencia.

Esto tampoco es cierto. Los resultados de las acciones solo los experimenta aquel que las realiza. La persona que nos hace daño no puede recibir los frutos de nuestra práctica virtuosa de la paciencia. Si sus acciones son perjudiciales, ¿cómo va a recibir buenos resultados de ellas?

Entonces, si alguien me hace daño, lo mejor que puedo hacer es vengarme. De esta manera, lo beneficiaré porque yo seré el objeto de su paciencia.

Esta manera de pensar es incorrecta por varias razones. En primer lugar, si nos vengamos de alguien, perjudicaremos nuestro desarrollo espiritual, debilitaremos nuestra mente de bodhichita y se deteriorará nuestra práctica de la paciencia. En segundo lugar, aunque tomemos represalias contra nuestro enemigo, no podemos estar seguros de que vaya a practicar la paciencia. Lo más probable es que, como ya se encuentra en un estado alterado, se enfade aún más. De todas formas, aunque practicase la paciencia, ello no impediría que nuestra práctica espiritual degenerase.

Tengo una buena razón para enfadarme y vengarme cuando alguien me agrede físicamente: me duele el cuerpo y como siento con intensidad que me pertenece es correcto que me enfade y desee vengarme.

Este razonamiento tampoco es correcto. Si lo fuera, ¿por qué nos enfadamos cuando alguien nos critica o insulta? Estas palabras vacías y desagradables no pueden por sí mismas causarnos ningún dolor físico ni mental, ¿por qué, entonces, generamos el deseo de venganza?

Porque si alguien escucha estas críticas e insultos, pensará mal de mí.

Es posible, pero sus malos pensamientos no pueden perjudicarnos de ningún modo ni en esta vida ni en las futuras. Por lo tanto, no tenemos por qué disgustarnos.

Si la gente piensa mal de mí y adquiero mala reputación, no conseguiré ni riquezas ni una buena posición social. Por lo tanto, debo evitarlo tomando represalias cuando me hagan daño.

Si nos vengamos del daño recibido y abandonamos la práctica de la paciencia, crearemos aún más obstáculos para adquirir riquezas y mejorar nuestra reputación. En cambio, la práctica de la paciencia nunca supone un impedimento para lograr estos objetivos, sino que en realidad nos ayuda a alcanzarlos. Si nos abstenemos de vengarnos cuando alguien nos perjudica, adquiriremos una buena reputación y disfrutaremos de una posición respetable y riquezas en esta vida o en las futuras.

Además, no tiene ningún sentido enfadarnos por obtener riquezas, puesto que por muchos bienes que acumulemos, tendremos que abandonarlos todos cuando muramos. Lo único que viajará con nosotros a las vidas futuras serán las impresiones grabadas en nuestra consciencia por el odio. Es mucho mejor morir hoy mismo que vivir durante muchos años cometiendo acciones perjudiciales.

Aunque vivamos durante muchos años, finalmente tendremos que morir. Si una persona sueña que disfruta de cien años de felicidad, y otra, de un solo instante, cuando despierten, sus experiencias oníricas se habrán reducido a lo mismo: no quedará nada de ninguna. De igual manera, no importa si tenemos una vida larga y placentera o una corta y dura, porque cuando nos enfrentemos a la muerte, todo se reducirá a lo mismo: lo único que nos ayudará será el poder de las acciones virtuosas que hayamos realizado. Aunque gocemos de una vida plena y larga, y disfrutemos de todas las riquezas y los placeres que ofrece este mundo, cuando nos visite la muerte, nos lo robará todo y tendremos que partir hacia el futuro desnudos y con las manos vacías.

¿No es importante adquirir riquezas ahora para poder vivir y

disponer de los medios para purificar mis faltas y acumular méritos?

Como se acaba de mencionar, si nos dedicamos a cometer acciones perjudiciales para adquirir posesiones y permitimos así que nuestras cualidades virtuosas se debiliten, no tiene ningún sentido vivir muchos años.

Quizá no deba vengarme de una persona que me impide acumular riquezas, pero si mancha mi reputación tendré que hacerlo, porque, de lo contrario, aquellos que tienen fe en mí la perderán.

Pero si nos vengamos cuando alguien nos critica o insulta, ¿por qué no lo hacemos cuando hablan mal de otra persona? ¿No perderán los demás también la fe en ella? No tiene sentido tener paciencia cuando critican a los demás y enfadarnos cuando nos critican a nosotros. Los insultos son el resultado de concepciones erróneas y, por lo tanto, no hay razón para enfadarnos por ellos. Además, ¿estamos seguros de que los demás aumentarán su fe en nosotros si nos vengamos?

Quizás pueda practicar paciencia cuando me perjudican a mí, pero como soy budista, si alguien ofende a las Tres Joyas preciosas, ¿no debería vengarme? Esto sería lo más correcto.

Puesto que los Budas están más allá del dolor y nadie puede hacerles daño, no tiene sentido enfadarnos con alguien que insulte a las Tres Joyas, destruya imágenes sagradas o perjudique el Dharma de cualquier otro modo. Es evidente que la persona que comete estas acciones irracionales está totalmente dominada por sus engaños. Un ser tan descontrolado no debe ser objeto de nuestro odio, sino de nuestra compasión.

Incluso si alguien perjudica a nuestros seres queridos, como nuestro Guía Espiritual, nuestros padres, familiares y amigos, no debemos enfadarnos ni vengarnos, sino comprender que es el resultado de acciones cometidas en el pasado. Si podemos evitar que los perjudiquen, por supuesto que debemos hacerlo, pero con amor y compasión, no con odio. Practicar la paciencia no significa permitir que los demás cometan acciones indebidas y no intervenir para impedirlo, sino proteger nuestra mente de la perturbación mental del odio.

El daño que recibimos puede ser causado por dos clases de objetos: animados e inanimados. Entonces, ¿por qué nos enfadamos en particular con los objetos animados? Si tenemos paciencia con unos, podemos aprender a tenerla con otros. Además, si una persona, debido a su ignorancia, perjudica a otra, y esta, también por ignorancia, se enfada con ella, ¿cuál está libre de falta? Puesto que ambas acciones, tanto la de causar daño como la de vengarse, surgen de la ignorancia, no es lógico enfadarse en ningún caso.

Todas nuestras experiencias dependen de causas y condiciones. Tanto nosotros mismos como nuestros adversarios hemos creado el karma para relacionarnos como lo hacemos. No se trata de un agresor culpable que ataca a su víctima inocente, puesto que ambos están atrapados en la misma situación kármica desafortunada. Por lo tanto, no hay razón para guardar rencor a nuestros enemigos. Después de haber comprendido esta verdad, debemos esforzarnos por hacer felices a los demás y generar el deseo de que todos los seres sintientes vivan en armonía y se amen los unos a los otros.

El apego a los seres queridos es uno de los motivos comunes del enfado porque a menudo buscamos venganza para defenderlos. Si hay un incendio en una casa, debido a la hierba seca de los alrededores el fuego se propagará con facilidad a otras casas y consumirá todo lo que encuentre a su paso. Del mismo modo, cuando alguien perjudica a los seres a quienes nos aferramos, la hierba seca de nuestro apego nos transmite el dolor y enciende el fuego de nuestro odio, que consume la riqueza de méritos que hayamos acumulado. Para evitar que esto ocurra, no debemos crear objetos de apego.

En el samsara todo encuentro termina en separación; y toda reunión, en dispersión. Tanto si tenemos apego a nuestra familia y amigos como si no, tendremos que separarnos de ellos, ya sea durante la vida o en el momento de la muerte. Puesto que la separación es parte inevitable de la existencia humana en el samsara, hemos de prepararnos para aceptarla. En su *Guía de las obras del Bodhisatva*, Shantideva nos da el ejemplo de un prisionero que va a ser ejecutado, pero alguien consigue que le sustituyan la pena de muerte por la de cortarle una mano. Aunque tenga que padecer el sufrimiento de perder la mano, se alegrará y se sentirá muy afortunado de que le hayan perdonado la vida. De igual manera, aquel que experimenta los sufrimientos del reino humano, como tener que separarse de los objetos de apego, debe considerarse afortunado por no tener que padecer los tormentos mucho peores de los reinos inferiores.

Abandonar los objetos de apego no significa dejar de relacionarnos con nuestros familiares y amigos o no ayudarlos cuando lo necesiten, sino eliminar el apego que les tenemos. Por lo general, es importante mantener buenas relaciones con los seres cercanos, pero no tiene sentido enfadarnos cuando alguien los perjudica. Si tenemos apego a una persona, esperamos que nos haga felices, pero cuando sufre o tiene dificultades deja de estar en condiciones de hacerlo. Por ello, cuando alguien la perjudica, nos enfadamos. Sin embargo, el amor puro y libre de apego no puede provocarnos enfado. Si alguien perjudica a una persona a quien amamos sin apego, surgirá un fuerte deseo de protegerla y ayudarla, pero no nos enfadaremos con su agresor. Intentaremos hacer todo lo posible por defenderla, pero no tendremos ningún deseo de hacer sufrir a su atacante. Por lo tanto, debemos abandonar el apego a nuestros seres queridos, pero no el amor que sentimos por ellos.

Aunque aprenda a aceptar el dolor que produce una separación, no puedo soportar que me ofendan o calumnien.

Si no podemos aceptar estos sufrimientos relativamente pequeños, ¿cómo vamos a soportar los terribles tormentos de los reinos inferiores? Y si no vamos a poder hacerlo, ¿por qué seguimos enfadándonos y creando así las causas para padecer renacimientos tan desafortunados? En el pasado, debido a nuestro desconocimiento de la ley del karma, y a los venenos del odio y el apego que contaminan nuestra mente, experimentamos grandes sufrimientos en estos reinos, pero no hemos recibido ningún beneficio de ello. Sin embargo, ahora hemos obtenido este precioso renacimiento humano y tenemos la oportunidad excepcional de transformar nuestro sufrimiento en el camino espiritual. Si utilizamos los problemas relativamente pequeños propios del reino humano para cultivar la renuncia, la compasión y otras realizaciones espirituales, podremos alcanzar con rapidez la felicidad suprema de la iluminación total y beneficiar a todos los seres sintientes. Por ello, debemos aceptar con una mente feliz y apacible las dificultades que se nos presenten.

El odio a menudo está relacionado con los celos y por ello debemos evitar ambas perturbaciones mentales. Cuando nuestro adversario tiene éxito o recibe elogios, generamos celos con facilidad, pero ¿por qué tenemos que sentirnos mal cuando alguien es feliz? Si nos ponemos en su lugar y nos olvidamos de nosotros por un momento, en lugar de sentir el malestar de los celos, nos alegraremos por él y compartiremos su felicidad.

Cuando una persona celosa ve que otra tiene éxito y es afortunada, se muere de envidia, pero la que ha aprendido a regocijarse de la buena fortuna de los demás solo se siente feliz. Al ver que alguien tiene una buena casa o una pareja atractiva, se alegra y el hecho de que no sean suyas es irrelevante. Cuando elogian a un compañero suyo o este consigue un ascenso o cuando se encuentra con otras personas más inteligentes, más atractivas o con mayor éxito que ella, en lugar de recordar sus propias limitaciones, comparte su felicidad.

Alegrarse de la felicidad o de las buenas cualidades de los demás es una de las mentes virtuosas más puras porque no está contaminada por la estimación propia. Por ejemplo, cuando practicamos la generosidad, es posible que lo hagamos esperando recibir gratitud, aprecio o para que los demás piensen que somos generosos, pero cuando nos regocijamos de la buena fortuna de los demás, lo hacemos sin desear nada a cambio.

Si nos alegramos de la buena fortuna de los demás, creamos la causa para disfrutar nosotros también de una suerte similar en el futuro, y si nos regocijamos de sus buenas cualidades, creamos la causa para adquirirlas nosotros. Se dice que aquel que aprecia las buenas cualidades de los practicantes espirituales y seres realizados, y se alegra de ellas, se convertirá en un practicante espiritual puro en la próxima vida. El regocijo es la forma más fácil de aumentar nuestros méritos, complace a los Budas y es la mejor manera de ganar amistades.

Si nos disgusta ver felices a los demás, no deberíamos pagar un salario a nuestros empleados, puesto que esto les hace sentirse contentos. Sin embargo, si no les pagamos, sabemos que se negarán a hacer su trabajo y nuestra felicidad presente y futura se verá afectada. Alegrarnos cuando una persona recibe alabanzas es como pagar un salario a nuestros empleados, porque le complace a ella y nos beneficia a nosotros.

Cuando alguien menciona nuestras buenas cualidades, nos sentimos contentos. Puesto que a todos nos agradan las alabanzas, también debemos alegrarnos cuando los demás las reciben. Son solo nuestros celos absurdos los que nos impiden alegrarnos cuando elogian a los demás. En particular, no tiene sentido que aquellos que han generado la bodhichita sientan celos. Si aspiramos a beneficiar a todos los seres sintientes, ¿por qué nos disgustamos cuando logran un poco de felicidad gracias a sus propios esfuerzos? Puesto que hemos prometido conducir a todos los seres sintientes a la Budeidad, estado en el que serán alabados y venerados por innumerables seres, ¿por qué envidiamos los pequeños placeres de que ahora disfrutan? Enfadarnos con ellos de este modo es absurdo.

Por lo general, los padres son responsables del bienestar de sus hijos, pero cuando ya pueden valerse por sí mismos y ganarse la vida, se sienten complacidos. Al igual que los padres se sienten orgullosos de los logros de sus hijos y no tienen celos de ellos, si deseamos conducir a todos los seres a reinos de existencia afortunados, a la liberación y a la iluminación, no tenemos por qué sentir celos o enfadarnos cuando disfrutan de un poco de felicidad. Si en estas ocasiones sentimos celos, ¿cómo podemos afirmar que estamos adiestrándonos en el modo de vida del Bodhisatva? Mientras nuestra mente esté dominada por los celos, no podremos generar la preciosa bodhichita. Cuando surgen los celos, el odio y otros engaños, nuestra bodhichita degenera de inmediato. Si deseamos de verdad seguir el camino hacia la iluminación, debemos hacer todo lo posible para eliminar estas perturbaciones mentales lo antes posible y por completo.

Los celos son una de las perturbaciones mentales más irracionales y absurdas. No conseguimos nada sintiendo celos de la buena fortuna, el buen trabajo, la reputación o el éxito de los demás. Imaginemos que una persona le ofrece dinero a nuestro rival. Por muchos celos y malestar que sintamos, esto no va a cambiar la situación. Tanto si a nuestro adversario le entregan ese dinero como si no, nosotros no vamos a recibirlo de ningún modo. Entonces, ¿por qué sentimos celos? Además, tener celos por un lado y desear enriquecernos y acumular posesiones por otro son actitudes mentales contradictorias. ¿Por qué? Porque la causa principal para obtener riquezas, posesiones y otros placeres es acumular virtudes, y la manera de hacerlo es practicar la generosidad, regocijarnos en la virtud, apreciar y respetar a los demás, etcétera. Sin embargo, cuando los celos se apoderan de nosotros debido a nuestro egoísmo, el potencial de estas virtudes se debilita y con ello se reducen o incluso perdemos las oportunidades de ser afortunados en el futuro. Por lo tanto, si deseamos poseer riquezas en el futuro, disfrutar de buena fortuna, reputación, etcétera, debemos proteger bien nuestra mente y alegrarnos de la felicidad de los demás, en lugar de permitir que nos invadan los celos.

Tampoco hay razón para alegrarnos cuando nuestros enemigos sufren. ¿De qué manera van a perjudicar nuestros malos pensamientos a nuestros enemigos y cómo nos van a beneficiar a nosotros? Aunque pensemos: «¡Qué maravilloso sería si mi enemigo sufriera!», esto no le va a causar ningún daño. Y, aunque lo hiciera, ¿acaso eso nos haría felices?

Pero si mi enemigo sufre, me sentiré satisfecho.

Esta clase de pensamientos nunca nos harán felices. Por el contrario, nada nos perjudica más que concentrarnos en deseos mezquinos de venganza, que no nos benefician en nada y nos arrojan a los reinos inferiores.

Si no tomo represalias cuando alguien me perjudica, ¿qué pensarán de mí los demás? Mi fama, reputación y las alabanzas que recibo sin duda disminuirán.

Aunque una de las razones principales por las que tomamos represalias sea defender nuestra reputación, en realidad, podemos protegerla y mejorarla con mayor eficacia practicando la paciencia. Si los demás ven que tenemos la fuerza y estabilidad mental para aceptar las críticas, las calumnias y los abusos sin perder la calma y el buen humor, nos respetarán más. Cuando una estrella de cine o un político se ofende al recibir alguna crítica insignificante y presenta una denuncia por difamación, ¿aumenta acaso nuestro respeto por él? Probablemente lo respetaríamos más si se tomara menos en serio y fuera capaz de soportar pequeñas críticas sin perder la dignidad o la calma. La paciencia es una señal de fortaleza, no de debilidad, y si practicamos esta virtud y abandonamos nuestros deseos de venganza cuando los demás nos critican o perjudican, se darán cuenta de que hay algo especial en nosotros.

No merece la pena disgustarnos ni enfadarnos cuando no recibimos elogios o tenemos mala reputación. Es cierto que, por lo general, tener una buena reputación, riquezas y una posición social elevada nos favorece. Al igual que todas las experiencias de placer, son el resultado de las acciones virtuosas que realizamos en el pasado. Sin embargo, si nuestro apego a estas condiciones nos hace enfadar cuando algo las amenaza, dejarán de ser beneficiosas y se convertirán en causas adicionales de sufrimiento. Debemos comprender que no son las circunstancias externas las que nos hacen felices, sino el modo en que nuestra mente se relaciona con ellas. Aquel que tenga una idea de hasta qué punto se puede desarrollar la mente no se conformará con pequeños logros. Por lo tanto, debemos abandonar el apego a estos objetos y, ahora que disfrutamos de esta preciosa existencia humana, practicar la esencia del Dharma y eliminar las perturbaciones mentales de nuestra mente. ¿Cómo podemos permitir que el apego al pequeño placer de escuchar algunas palabras de alabanza se interponga en nuestra búsqueda del gozo infinito de la iluminación?

Para lograr fama y reputación, algunas personas dedican mucho dinero e incluso su propia vida. Sin embargo, ¿qué beneficios recibimos al sacrificar tanto a cambio de unas palabras de alabanza que, en realidad, son vacías y estériles? ¿Quién se beneficiará si morimos mientras buscamos fama y gloria? Buda llamó infantiles a aquellos que se ponen eufóricos cuando los elogian y se enfadan cuando los critican. A los niños les gusta hacer castillos de arena en la playa, pero cuando las olas del mar se los llevan, lloran desconsolados. Del mismo modo, si nos dejamos influir por las olas inconstantes de las alabanzas y las críticas, seremos tan necios como los niños.

Aunque no tiene sentido que nos disgustemos o enfademos cuando nos critican o calumnian, hay ocasiones en que debemos defender nuestra reputación mostrando la verdad. Por ejemplo, si se acusa injustamente de corrupción a un político que desea con sinceridad servir a su pueblo y no se defiende, corre el riesgo de perder su posición y la oportunidad de ayudar a muchas personas. Por ello, no es reprobable que, sin odio ni deseos de venganza, demuestre en público que dichas acusaciones son completamente falsas.

¿Por qué nos alegramos tanto cuando escuchamos el sonido de unas pocas palabras de alabanza? En realidad, el sonido mismo no tiene mente y, por lo tanto, carece de la intención de elogiarnos.

Puesto que la persona que me alaba está contenta de hacerlo, yo también debo estarlo.

Pero su placer solo existe en su mente y no nos beneficia a nosotros ni ahora ni en el futuro.

Sin embargo, ¿no es cierto que debemos alegrarnos cuando los demás son felices? Al fin y al cabo, esto es lo que hemos dicho antes.

Sí, es cierto, y debemos familiarizarnos con este razonamiento hasta que podamos alegrarnos también cuando nuestro enemigo es feliz. No tiene sentido discriminar de forma errónea y alegrarnos cuando nuestros amigos reciben alabanzas y en cambio sentir celos cuando las reciben nuestros enemigos. Además, alegrarnos cuando nos elogian es comportarnos como niños.

Aunque por lo general tener una buena reputación, una posición social elevada y riquezas nos beneficia, en realidad estas cosas pueden convertirse en obstáculos para alcanzar la iluminación si nos distraen del camino espiritual. Si pensamos en estas cosas, es muy probable que nuestra renuncia se debilite y que sintamos orgullo, rivalidad y celos. Estas distracciones harán disminuir nuestras virtudes y nuestra capacidad de ayudar a los demás. Si tenemos apego a la buena reputación, la posición social, las riquezas, etcétera, renaceremos en los reinos inferiores y seguiremos atrapados en la ciénaga del samsara.

Estos obstáculos y distracciones no son favorables para el practicante de Dharma sincero. ¿Quién nos ayuda a eliminar el apego a estas distracciones? La persona que nos hace daño. Al impedirnos obtener una buena reputación y otros logros mundanos, nos ayuda a reforzar nuestro deseo de alcanzar la liberación y la iluminación. Es nuestro mejor maestro porque nos obliga a practicar la paciencia. Nos ayuda a eliminar nuestro apego a la fama y a cortar las ataduras que nos mantienen atrapados en el samsara. Gracias a ella, dejamos de cometer acciones que nos impulsan a seguir renaciendo en la ciénaga del sufrimiento y, en cambio, nos ayuda a crear las causas para alcanzar la iluminación total. Por lo tanto, debemos considerarla como nuestro Guía Espiritual que nos beneficia de muchas maneras y abandonar todo el odio que podamos sentir hacia este gran amigo.

¿Por qué tengo que pensar que aquellos que me hacen daño son mis mejores amigos? Cuando alguien me hace daño, interrumpe mi práctica de Dharma, impide que acumule méritos y dificulta mi práctica de la generosidad y otras virtudes. Es evidente que en esos momentos no es mi amigo.

Este razonamiento es también incorrecto. Gracias a la bondad de una persona como ella tenemos la oportunidad de practicar la paciencia, una de las virtudes más importantes del camino espiritual. Al ofrecernos esta oportunidad, esta persona difícil nos ayuda a acumular gran cantidad de méritos. Sin embargo, si tomamos represalias, perderemos la ocasión de hacerlo. Si no tenemos con quién poner a prueba nuestra paciencia, nunca mejorará, y si no la perfeccionamos, no podremos alcanzar la iluminación. Por lo tanto, es un error pensar que las personas difíciles pueden interrumpir nuestra práctica de Dharma. Después de todo, una persona necesitada no supone un obstáculo para los que desean practicar la generosidad, ni lo es un abad para quien desea ordenarse de monje. No solo no son obstáculos, sino que son factores imprescindibles.

Normalmente no sabemos apreciar el valor de la paciencia. Aunque es posible que alguien nos interrumpa mientras estamos estudiando el Dharma o meditando, nadie puede quitarnos la oportunidad de adiestrarnos en virtudes internas como la paciencia. La esencia de la práctica del Dharma es este adiestramiento mental, no las actividades virtuosas externas. Si apreciamos de verdad el valor de la paciencia, siempre aprovecharemos contentos cualquier oportunidad de practicarla. Aunque a lo largo de la vida nunca encontremos tiempo para estudiar el Dharma y meditar, si aprendemos a tener paciencia en todos los momentos del día, avanzaremos mucho en el camino hacia la iluminación. En cambio, si dedicamos toda la vida a estudiar y meditar, pero nunca cultivamos la paciencia, nuestra práctica espiritual será falsa y superficial.

En general, la paciencia es una virtud más poderosa que la generosidad, puesto que su objeto es más difícil de encontrar. Hay infinidad de pobres en el mundo con quienes podemos practicar la generosidad, pero ¿cuántas personas intentan perjudicarnos, ofreciéndonos así la oportunidad de practicar la paciencia? Debemos reflexionar sobre lo difícil que resulta encontrar un enemigo y reconocer que es un tesoro de donde podemos extraer riquezas internas inagotables. Además, es nuestro verdadero maestro en el camino hacia el gozo insuperable de la iluminación. En lugar de considerar que las personas que ponen a prueba nuestra paciencia son obstáculos en nuestra práctica espiritual, debemos recordar en todo momento su bondad y alegrarnos de haberlas encontrado. Gracias a ellas podemos practicar la paciencia y, por lo tanto, debemos dedicar todos los méritos o energía positiva que acumulemos en esta oportunidad, en primer lugar para su bienestar.

Puesto que mi enemigo no tiene la intención de ayudarme a practicar la paciencia, no tengo por qué respetarlo.

Si este razonamiento fuera válido, tampoco deberíamos venerar el sagrado Dharma, puesto que tampoco tiene la intención de beneficiarnos.

Pero no es lo mismo. Mi enemigo abriga malos pensamientos contra mí, mientras que el Dharma sagrado no.

Precisamente gracias a las malas intenciones de nuestro enemigo tenemos la oportunidad de practicar la paciencia. Si, como el médico que solo desea ayudar a su paciente, nuestro enemigo solo deseara beneficiarnos, nunca tendríamos la oportunidad de adiestrar la mente en abandonar el deseo de venganza. Por lo tanto, aunque nuestro enemigo no desee ayudarnos a practicar la paciencia, es digno de respeto al igual que lo es el sagrado Dharma.

Buda Shakyamuni dijo que hay dos campos para cultivar la cosecha de las virtudes: el de los seres iluminados y el de los seres sintientes. Si tenemos fe en el primero y nos esforzamos por beneficiar al segundo, colmaremos tanto nuestros deseos como los de los demás. Estos campos se asemejan en que recibimos grandes beneficios de ambos y debemos cultivar los dos para alcanzar la iluminación.

Si los dos campos de méritos son igualmente valiosos, ¿por qué nos postramos ante los Budas y no ante los seres sintientes? ¿Por qué hacemos ofrendas a los Budas y no a los seres sintientes?

No se pretende afirmar que los seres ordinarios tengan las mismas cualidades que los seres iluminados, puesto que es evidente que no. Son similares en el sentido de que ambos son causas para que alcancemos la iluminación y, por lo tanto, merecen de igual manera nuestro respeto.

Por lo general, se dice que si ofrecemos a los seres sintientes objetos materiales, amor, protección o enseñanzas espirituales, estamos practicando la generosidad, pero cuando ofrecemos algo a los seres iluminados, se dice que les estamos haciendo ofrendas. Sin embargo, puesto que el Bodhisatva considera que todos los seres sintientes son sumamente valiosos y agradece los beneficios que recibe de ellos, considera que al practicar la generosidad, en realidad, les está haciendo ofrendas. Reconoce que al actuar como objetos de sus acciones virtuosas, estos seres le permiten recoger los frutos de la práctica espiritual. Por lo tanto, son su campo de méritos junto con las Tres Joyas.

Buda dijo que si respetamos a una persona que ha generado la mente de amor universal, acumularemos una cantidad inconmensurable de méritos. Puesto que esa persona se preocupa de corazón por el bienestar de innumerables seres, cualquier servicio que le ofrezcamos servirá de manera indirecta a todos ellos. Del mismo modo que al ayudar a una madre beneficiamos a sus hijos de manera indirecta, al ofrecer nuestros servicios a una persona tan altruista, serviremos también a todos los seres. Debido a que solo es posible sentir amor universal en dependencia de su objeto, los innumerables seres sintientes, los méritos que acumulamos al venerar a una persona que ha alcanzado esta realización, en realidad, se los debemos a la bondad de todos los seres.

Asimismo, tener fe en los Budas y respetarlos son acciones con las que acumulamos gran cantidad de méritos porque sus cualidades son inconcebiblemente extensas y profundas. Puesto que tanto al respetar a los Budas como a los seres sintientes acumulamos una cantidad inconmensurable de méritos y nos acercamos al logro de la iluminación, desde este punto de vista son iguales. Sin embargo, puesto que los seres sintientes no poseen las infinitas buenas cualidades de los Budas, en este sentido no se pueden comparar.

Las cualidades de los Budas son tan extensas que una persona que solo adquiera una pequeña parte de ellas se convertirá en objeto digno de gran devoción. Aunque la mayoría de los seres sintientes no poseen ninguna de las profundas cualidades de los Budas, merecen nuestro respeto y devoción porque actúan también como nuestro campo de méritos. Puesto que necesitamos a los seres sintientes tanto para ser felices en la vida cotidiana como para alcanzar la iluminación total, es apropiado respetarlos tanto como a los Budas.

Gracias a la bondad de los compasivos Budas que muestran el camino espiritual, innumerables seres tienen la oportunidad de estudiar estas enseñanzas y alcanzar la iluminación. ¿Cómo podemos corresponder a su infinita bondad? La mejor manera de corresponder a la bondad de un Buda, que solo se preocupa por el bienestar de todos los seres, es generar nosotros también amor y compasión hacia todos los seres.

En sus vidas previas como Bodhisatva, Buda Shakyamuni sacrificó su vida en numerosas ocasiones por el beneficio de los demás. ¿Cómo podemos perjudicar a aquellos seres por los que Buda dio la vida? Aunque nos hagan daño, no debemos vengarnos de ellos, sino respetarlos, amarlos e intentar ayudarlos tanto como podamos. Si aprendemos a actuar de esta manera, complaceremos a todos los Budas.

Por su infinito amor y compasión hacia todos los seres sintientes, Buda Shakyamuni lo abandonó todo para alcanzar la iluminación total. Después de haber logrado su meta, continúa estimando con amor infinito a todos los seres sintientes, siente más amor aún que el de una madre hacia su hijo más querido. Si todos los seres sintientes merecen el amor de Buda, ni que decir tiene que los seres ordinarios como nosotros también debemos respetarlos. ¿Cómo podemos pensar en perjudicar a aquellos que son objeto del amor de todos los Budas y están bajo su cuidado? Puesto que los seres iluminados, con su infinita sabiduría, poder y buenas cualidades, han entregado sus vidas por completo al servicio de los seres sintientes, nosotros también debemos considerar que es un gran privilegio servirlos.

No tiene sentido confiar en Buda y seguir perjudicando a los seres sintientes. Sería lo mismo que ser bondadosos con una madre, pero hacer daño a sus hijos. Al igual que le hacemos daño a una madre cuando perjudicamos a sus hijos, disgustaremos a los Budas si albergamos malas intenciones contra los demás. Hacer ofrendas a los Budas mientras perjudicamos a los seres sintientes sería como dar flores a una madre después de torturar a sus hijos.

En su *Guía de las obras del Bodhisatva*, Shantideva resume las conclusiones de los razonamientos anteriores con la siguiente oración sincera:

«Por lo tanto, puesto que he perjudicado a los seres
    sintientes,
lo cual ha disgustado a los compasivos Budas,
hoy confieso todas y cada una de mis acciones
    perjudiciales.
¡Oh, seres compasivos, por favor, perdonadme por
    haberos ofendido!

De ahora en adelante, para complacer a los *Tathagatas*,
voy a convertirme en siervo de todos los seres
    sintientes.
Incluso si los demás me golpean o humillan,
complaceré a los Budas no tomando represalias».

Uno de los métodos más poderosos para generar y mantener la mente de bodhichita es la meditación de cambiarse uno mismo por los demás. Los Tathagatas, los compasivos Budas, sin lugar a dudas poseen la realización completa de cambiarse por los demás y, puesto que han eliminado su egoísmo, estiman a los seres sintientes más que a sí mismos. Por lo tanto, puesto que todos los seres sintientes son el objeto de la estima de los Budas, son muy valiosos. Si los Budas, con su sabiduría perfecta, consideran que los seres sintientes son dignos de su amor y respeto infinitos, también nosotros debemos respetarlos.

Quien practique la paciencia de no vengarse cuando alguien le hace daño y respete a todos los seres sintientes como si fueran seres iluminados, complacerá a todos los Budas y eliminará el sufrimiento de este mundo alcanzando la iluminación total. Por lo tanto, debemos practicar siempre la paciencia.

¿Qué significa tener el mismo respeto por los seres sintientes que por los Budas? Es evidente que no sería apropiado hacer postraciones completas a cada uno de los seres con los que nos encontramos. Sin embargo, podemos mostrarles respeto mentalmente recordando que son objetos del amor de los Budas y una causa de nuestro logro de la iluminación, e intentar estimarlos y satisfacer sus deseos. Además, todos los seres sintientes han sido nuestra madre en muchas ocasiones y nos han mostrado su inmensa bondad. Por lo tanto, merecen nuestro amor, gratitud y paciencia.

Si recordamos la bondad de todos los seres sintientes e intentamos complacerlos siempre que podamos, seremos felices incluso en esta misma vida. Los demás nos respetarán, nuestra reputación mejorará y disfrutaremos de abundantes riquezas y posesiones. Finalmente, como resultado de nuestras acciones virtuosas, alcanzaremos el gozo supremo de la Budeidad. Aunque no alcancemos la iluminación en esta misma vida, mientras renazcamos en el samsara recogeremos los beneficios de nuestra práctica de la paciencia. Poseeremos una forma física atractiva, tendremos un gran círculo de amigos fieles y discípulos y además disfrutaremos de buena salud y longevidad.

En resumen, cuando tengamos problemas, dificultades o

enfermedades, debemos contemplar las desventajas de no aceptarlos y los beneficios de tener paciencia con el sufrimiento. Luego debemos aplicar los oponentes apropiados meditando en la paciencia de aceptar voluntariamente el sufrimiento. Para seguir mejorando nuestra paciencia hasta perfeccionarla, hemos de meditar en las enseñanzas de Buda sobre la vacuidad y la relación dependiente de todos los fenómenos, y de este modo practicar la paciencia de pensar definitivamente sobre el Dharma. Cuando alguien nos haga daño, debemos recordar las numerosas desventajas del odio y de disgustar a los demás, y superarlo con la práctica de la paciencia de no vengarnos.

Si cultivamos con sinceridad estas tres clases de paciencia, llenaremos nuestra preciosa existencia humana de significado y dejaremos de perder el tiempo atándonos nosotros mismos al samsara, la rueda del sufrimiento y la insatisfacción. En estos tiempos de degeneración, cuando abundan las causas del sufrimiento y es muy raro disfrutar de un solo día sin tener que enfrentarnos con problemas físicos o mentales, la práctica de la paciencia es de suma importancia. Si aceptamos con paciencia las dificultades y los malos tratos, debilitaremos nuestro egoísmo y aferramiento propio con rapidez, y crecerá en nosotros el gran corazón de la compasión y la bodhichita. En este mundo cada vez más conflictivo, adquiriremos las cualidades de la iluminación y podremos beneficiar de verdad a los demás.

Dedicación

Que gracias a las virtudes que he acumulado al escribir este libro, la compasión y la sabiduría florezcan y aumenten en el corazón de todos lo seres. Gracias a ello, que cese con rapidez el sufrimiento, disfrutemos todos de felicidad duradera y reine para siempre la paz en el mundo.

Apéndice 1

Comprensión de la mente

Comprensión de la mente

Buda enseñó que todo depende de la mente. Para comprender lo que esto significa hemos de conocer la naturaleza y las funciones de la mente. A simple vista puede parecernos fácil, porque todos tenemos mente y podemos reconocer nuestros estados mentales: sabemos cómo nos encontramos, si nos sentimos felices o desdichados, si tenemos las ideas claras o estamos confundidos, etcétera. No obstante, si alguien nos preguntara cómo funciona la mente y cuál es su naturaleza, lo más probable es que no supiéramos dar una respuesta precisa, lo que indica que, en realidad, no sabemos lo que es.

Hay quienes piensan que la mente es el cerebro o alguna otra parte o función del cuerpo, pero esto es incorrecto. El cerebro es un objeto físico que se puede ver, fotografiar y someter a una operación quirúrgica. En cambio, la mente no es un objeto material y no se puede ver, fotografiar ni operar. Por lo tanto, el cerebro no es la mente, sino una parte más del cuerpo.

No hay nada en nuestro cuerpo que pueda identificarse con nuestra mente porque son entidades diferentes. Por ejemplo, aunque nuestro cuerpo esté quieto y tranquilo, nuestra mente puede estar ocupada con diversos pensamientos, lo que indica que nuestro cuerpo y nuestra mente no son una misma entidad. En las escrituras budistas se compara al cuerpo con un hostal y a la mente con un huésped. En el momento de la muerte, la mente abandona el cuerpo y viaja a la vida siguiente, al igual que el huésped deja el hostal y se traslada a otro lugar.

Si la mente no es el cerebro ni ninguna otra parte del cuerpo, entonces ¿qué es? Es un continuo inmaterial cuya función es percibir y comprender objetos. Debido a que la mente no es un fenómeno físico y carece de forma, los objetos materiales no pueden obstruirla. Para que nuestro cuerpo se desplace a la luna tiene que viajar en una nave espacial, mientras que la mente puede llegar a ese lugar en un instante solo con el pensamiento. El conocimiento y la percepción de los objetos es función exclusiva de la mente. Aunque decimos: «Yo sé esto o aquello», en realidad es nuestra mente la que aprehende los objetos. Conocemos los fenómenos con la mente.

Hay tres clases de mentes: burda, sutil y muy sutil. Las mentes burdas incluyen las consciencias sensoriales, como la visual y la auditiva, y todas las perturbaciones mentales intensas, como el odio, los celos, el apego y la ignorancia del aferramiento propio. Estas mentes burdas están relacionadas con los aires internos burdos y pueden reconocerse con relativa facilidad. Cuando nos dormimos o al morir, las mentes burdas se disuelven en nuestro interior y se manifiestan las sutiles. Estas últimas están relacionadas con los aires internos sutiles y son más difíciles de reconocer que las burdas. Durante el sueño profundo y al final del proceso de la muerte, los aires internos se disuelven en el centro de la rueda de canales o *chakra* del corazón, dentro del canal central, y entonces se manifiesta la mente muy sutil, la mente de luz clara. La mente muy sutil está relacionada con el aire interno muy sutil y es muy difícil de reconocer. El continuo de la mente muy sutil no tiene principio ni fin. Esta es la consciencia que viaja de vida en vida y que, si purificamos por completo mediante la meditación, se convertirá en la mente omnisciente de un Buda.

Es muy importante que aprendamos a identificar los estados mentales que son apacibles y los que no lo son. Los que perturban nuestra paz interior, como el odio, los celos y el apego, se denominan *perturbaciones mentales* o *engaños*, y son la causa principal de todo nuestro sufrimiento. Quizá pensemos que los culpables de nuestros problemas son los demás, la falta de recursos materiales o la sociedad en que vivimos, cuando, en realidad, son nuestros propios estados alterados de la mente. La esencia de la práctica de Dharma y el objetivo principal del adiestramiento en la meditación es reducir y finalmente erradicar por completo todos nuestros engaños y sustituirlos por estados mentales apacibles y virtuosos.

Por lo general, buscamos la felicidad en el mundo exterior. Intentamos mejorar nuestras condiciones materiales y posición social, encontrar un trabajo mejor remunerado, etcétera, pero aunque lo logremos, seguiremos teniendo numerosos problemas y no nos sentiremos satisfechos. De esta forma, nunca disfrutamos de una paz auténtica y duradera. En sus enseñanzas, Buda nos recomienda que no busquemos la felicidad en el exterior sino que la cultivemos en nuestra propia mente. ¿Cómo lo podemos hacer? Purificando y controlando nuestra mente por medio de la práctica sincera del *Budadharma*. Si nos adiestramos de este modo, sin lugar a dudas alcanzaremos un estado de paz mental duradero y seremos felices sin depender de las circunstancias externas.

Aunque nos esforzamos por encontrar la felicidad, esta es efímera, mientras que el sufrimiento y los problemas parecen llegarnos de forma natural sin que hagamos nada. ¿Por qué nos ocurre esto? Porque la causa de la felicidad, que se halla en nuestra mente, la virtud, es muy débil y para que dé sus frutos hemos de poner mucho esfuerzo; en cambio, las causas internas de los problemas, los engaños, son muy poderosas y producen sus efectos sin ningún esfuerzo por nuestra parte. Esta es la verdadera razón por la que los problemas nos llegan de forma natural y la felicidad nos resulta tan difícil de conseguir.

De lo dicho podemos deducir que la causa principal tanto de la felicidad como del sufrimiento se halla en nuestra mente y no en el mundo exterior. Si pudiéramos mantener una mente serena y apacible en todo momento, nunca tendríamos dificultades ni sufrimiento mental. Por ejemplo, si nuestra mente permanece siempre apacible, aunque nos insulten, critiquen o culpen de algo, perdamos el trabajo o nos abandonen nuestros amigos, no nos sentiremos infelices. Por muy difíciles que sean las condiciones externas, si mantenemos una mente serena y apacible, no nos resultarán problemáticas. Por lo tanto, para liberarnos de los problemas solo hay una cosa que hacer: aprender a mantener un estado mental apacible por medio de la práctica pura y sincera del Dharma.

Apéndice 2

Las vidas pasadas y futuras

Las vidas pasadas y futuras

Si comprendemos cuál es la naturaleza de la mente, aceptaremos la existencia de vidas pasadas y futuras. Numerosas personas piensan que cuando el cuerpo deja de realizar sus funciones al morir, el continuo de la mente cesa y esta deja de existir, al igual que una vela se apaga tras consumirse la cera de la que está hecha. Otros creen incluso que si se suicidasen, acabarían con sus problemas y sufrimientos, pero ambas ideas son incorrectas. Como ya se mencionó en el Apéndice 1, nuestro cuerpo y nuestra mente son entidades distintas y, por lo tanto, aunque el cuerpo se desintegre después de la muerte, el continuo mental permanece intacto. La mente no cesa, sino que se separa del cuerpo y viaja a la vida siguiente. En el caso de los seres ordinarios, en lugar de liberarnos de nuestras penas, la muerte solo nos trae nuevos sufrimientos. Debido a que no comprenden esto, numerosas personas se suicidan destruyendo así su preciosa existencia humana.

Una manera de comprender la existencia de vidas pasadas y futuras es analizando el proceso de dormir, soñar y despertar, por su semejanza al de la muerte, el estado intermedio y el renacimiento. Cuando nos dormimos, nuestros aires internos burdos se reúnen y disuelven en nuestro interior y nuestra mente se vuelve cada vez más sutil, hasta que se manifiesta la mente muy sutil de la luz clara del dormir. Cuando esto sucede, experimentamos el sueño profundo y, externamente, parece como si estuviéramos muertos. Cuando la luz clara del dormir cesa, nuestra mente se va haciendo otra vez más burda y pasamos por los diferentes niveles del estado del sueño. Finalmente, al recuperar la memoria y el control mental, nos despertamos. En ese momento, nuestro mundo onírico desaparece y percibimos de nuevo el mundo del estado de vigilia.

Cuando nos morimos, ocurre un proceso similar. Al morir, los aires internos se disuelven en nuestro interior y nuestra mente se vuelve cada vez más sutil, hasta que se manifiesta la mente muy sutil de la luz clara de la muerte. La experiencia de la luz clara de la muerte es muy parecida a la del sueño profundo. Cuando la luz clara de la muerte cesa, experimentamos las etapas del estado intermedio o *bardo* en tibetano, que es como un estado onírico que ocurre entre la muerte y el renacimiento. Pasados unos días o unas semanas, el estado intermedio cesa y, entonces, renacemos. Al despertar de un sueño, el mundo onírico desaparece y percibimos el mundo del estado de vigilia. Del mismo modo, cuando renacemos, las apariencias del estado intermedio cesan y percibimos el mundo de nuestra nueva vida.

La diferencia principal entre el proceso de dormir, soñar y despertar, y el de la muerte, el estado intermedio y el renacimiento, consiste en que cuando la luz clara del sueño cesa, se mantiene la conexión entre la mente y el cuerpo, mientras que cuando la luz clara de la muerte cesa, la conexión se rompe. Si contemplamos esto quedaremos convencidos de la existencia de vidas pasadas y futuras.

Por lo general, pensamos que los objetos que aparecen en los sueños no son reales, mientras que los que percibimos cuando estamos despiertos sí lo son; pero Buda dijo que todos los fenómenos son como sueños porque no son más que meras apariencias en la mente. Para aquellos que saben interpretarlos de manera correcta, los sueños pueden ser muy reveladores. Si, por ejemplo, soñamos que visitamos un país en el que nunca hemos estado, puede indicar lo siguiente: que estuvimos en ese lugar en alguna vida pasada, que lo visitaremos más adelante en esta vida o en una futura, o que tenemos alguna conexión personal con este lugar por haberlo visto en la televisión, haber recibido recientemente una carta procedente de allí o cualquier otro motivo. De igual modo, si soñamos que volamos, puede significar que en alguna vida pasada fuimos un ser que podía volar, como un pájaro o un meditador con poderes sobrenaturales, o tal vez sea una predicción de que lo seremos en el futuro. Soñar que volamos también puede tener un significado menos directo y simbolizar una mejoría de nuestra salud física o mental.

Con la ayuda de mis sueños pude descubrir dónde había renacido mi madre. Unos minutos antes de morir, mi madre se quedó dormida y, al despertar, le dijo a mi hermana, que en aquellos momentos la atendía, que había soñado conmigo y que en el sueño yo le ofrecía un pañuelo blanco tradicional, que en tibetano llamamos *khatag*. Para mí, este sueño predecía que yo podría ayudar a mi madre en su siguiente vida. Después de su muerte, recé todos los días para que renaciera en Inglaterra, donde yo vivo, y poder así tener la oportunidad de volverme a encontrar con ella y reconocer su reencarnación. Cada día rogué con devoción a mi *Dharmapala* (Buda Protector del Dharma) que me mostrase señales claras de dónde había renacido mi madre.

Poco después tuve tres sueños muy significativos. En el primero, soñé que encontraba a mi madre en un lugar que parecía ser Inglaterra. Le pregunté cómo había viajado desde la India hasta allí y me contestó que no venía de la India, sino de Suiza. En el segundo sueño, vi a mi madre hablando con un grupo de personas, me acerqué a ella y, aunque le hablé en tibetano, no me entendió. En vida, mi madre solo hablaba el tibetano, pero en el sueño hablaba inglés perfectamente. Le pregunté por qué había olvidado el tibetano, pero no me respondió. Luego, en ese mismo sueño vi a una pareja de occidentales que ayudan a establecer centros de Dharma en Gran Bretaña.

Los dos sueños parecían indicar el lugar donde mi madre había renacido. Dos días después del segundo sueño, el marido de la pareja con la que había soñado vino a verme y me anunció que su mujer estaba embarazada. En ese momento, recordé el sueño y pensé que su hijo podría ser la reencarnación de mi madre. El hecho de que en el sueño mi madre hubiese olvidado el tibetano y hablase solo en inglés sugería que iba a renacer en un país en el que se hablase este idioma, y la presencia de esta pareja en el sueño podía indicar que ellos iban a ser sus padres. Entonces, decidí hacer una adivinación tradicional, que en tibetano llamamos *mo*, y el resultado reveló que este bebé era la reencarnación de mi madre. Me sentí muy feliz pero decidí mantenerlo en secreto.

Una noche volví a soñar con mi madre repetidas veces. A la mañana siguiente pensé con detenimiento sobre el tema y tomé una determinación: «Si el bebé ha nacido esta misma noche, no hay duda de que se trata de la reencarnación de mi madre, pero en caso contrario seguiré investigando». Después, llamé por teléfono al marido, que me dio la buena noticia de que su mujer había dado a luz esa misma noche a una preciosa niña. La noticia me llenó de alegría y, en señal de agradecimiento a mi Dharmapala, hice una *puyha* o ceremonia de ofrendas.

Unos días después, el padre me telefoneó y me dijo que cuando el bebé lloraba, si le recitaba el *mantra* de Buda Avalokiteshvara, OM MANI PEME HUM, dejaba de hacerlo y lo escuchaba con atención. Me preguntó por qué lo hacía y le contesté que era debido a las impresiones de su vida pasada, pues mi madre tenía mucha fe en este mantra y solía recitarlo a diario.

La niña recibió el nombre de Amaravajra. Más tarde, cuando Kuten Lama, el hermano de mi madre, vino a Inglaterra se quedó asombrado de lo cariñosa que era con él y dijo tener la impresión de que lo reconocía. Yo también tuve la misma sensación. Aunque solo veía a la niña muy de vez en cuando, siempre se alegraba mucho de verme.

Un día, cuando Amaravajra empezaba a hablar, al ver un perro dijo señalándolo con el dedo *Kyi, kyi,* y cada vez que veía un perro solía llamarlo así. Su padre me preguntó por su significado y le contesté que en el dialecto del oeste del Tíbet, donde mi madre vivía, kyi significa 'perro'. Además de esta también pronunció otras palabras en tibetano.

Más tarde supe, a través de mi cuñado, que después de la muerte de mi madre, un astrólogo tibetano predijo que nacería como una mujer en un país de lengua diferente a la tibetana. Este suceso que acabo de relatar forma parte de mi propia experiencia, pero si lo investigamos, podemos encontrar otros casos auténticos de personas que han reconocido la reencarnación de sus maestros, padres, amigos y otros seres. Si contemplamos estos relatos y reflexionamos sobre la naturaleza de la mente y las experiencias oníricas, nos convenceremos con toda certeza de la existencia de vidas pasadas y futuras.

En sus enseñanzas tántricas, Buda reveló una práctica especial llamada *transferencia de consciencia a otro cuerpo.* Esta práctica se hizo muy popular en el Tíbet cuando el budismo llegó a este país. Uno de los practicantes que la dominó a la perfección fue Tarma Dode, el hijo del famoso traductor y lama laico tibetano Marpa. Un día, montando a caballo, tuvo un accidente y quedó gravemente herido. Su padre, sabiendo que Tarma Dode dominaba la práctica de la transferencia de consciencia, comenzó a buscar un cadáver apropiado donde pudiera transferir su mente. Como no pudo encontrar el cadáver de un ser humano, recogió el de una paloma para que sirviera de morada temporal a la mente de su hijo. Tarma

Dode expulsó la consciencia de su cuerpo moribundo y entró en el de la paloma. A continuación, el cuerpo de Tarma Dode quedó sin vida y el de la paloma revivió. Aunque el cuerpo de Tarma Dode era entonces el de una paloma, su mente seguía siendo la de un ser humano.

Puesto que no quería que su hijo permaneciera en el cuerpo de una paloma, Marpa siguió buscando un cadáver humano. Gracias a su poder de clarividencia, vio que un maestro budista acababa de morir en la India y que sus discípulos habían llevado su cuerpo al cementerio. Marpa le dijo a su hijo que partiera de inmediato hacia ese lugar. Tarma Dode voló a la India en su cuerpo de paloma y cuando encontró el lugar donde habían depositado el cadáver, expulsó su mente del cuerpo de la paloma y entró en el del maestro. El cuerpo de la paloma pereció de inmediato y el del maestro volvió a la vida. Tarma Dode vivió el resto de su vida como el maestro indio Tibu Sangnak Dongpo. Años más tarde, Milarepa, el discípulo principal de Marpa, envió a la India a su discípulo Rechungpa para que recibiera enseñanzas especiales de Tibu Sangnak Dongpo. Cuando Rechungpa regresó al Tíbet, se las transmitió a Milarepa.

Existen numerosos relatos de meditadores del pasado que transfirieron su consciencia a otro cuerpo. Se dice que el mismo Marpa realizó esta práctica en cuatro ocasiones. Si el cuerpo y la mente fuesen una misma entidad, ¿cómo sería posible que estos meditadores transfirieran su consciencia de esta forma? Contemplar estos relatos con una actitud receptiva nos ayudará a entender cómo es posible que la consciencia continúe después de que el cuerpo perezca. Gracias a ello, nos resultará muy fácil comprender la existencia de vidas pasadas y futuras.

Apéndice 3

Oración liberadora
ALABANZA A BUDA SHAKYAMUNI

y

Oraciones para meditar
BREVES ORACIONES PREPARATORIAS
PARA LA MEDITACIÓN

Oración liberadora

ALABANZA A BUDA SHAKYAMUNI

¡Oh, Ser Bienaventurado, Shakyamuni Buda!,
precioso tesoro de compasión,
que concedes la paz interior suprema.

Tú, que amas a todos los seres sin excepción,
eres la fuente de toda felicidad y bondad,
y nos guías por el camino liberador.

Tu cuerpo es una gema que colma todos los deseos,
tu palabra, el néctar purificador supremo,
y tu mente, el refugio de todos los seres sintientes.

Con las manos juntas en señal de respeto, a ti me
dirijo,
amigo supremo y fiel,
y te suplico desde lo más profundo de mi corazón:

Por favor, concédeme la luz de tu sabiduría
para disipar la oscuridad de mi mente
y sanar mi continuo mental.

Aliméntame con tu bondad
para que pueda ofrecer a los demás
un banquete de continuos deleites.

Gracias a tu compasiva intención,
tus bendiciones y obras virtuosas,
y mi sincero deseo de confiar en ti,

que todo el sufrimiento desaparezca de inmediato,
que disfrutemos de alegría y felicidad,
y el Dharma sagrado florezca sin cesar.

Colofón: *Esta oración ha sido compuesta por el venerable
Gueshe Kelsang Gyatso y traducida bajo su compasiva guía.
Se recita normalmente antes de comenzar cualquier sadhana
en los centros de budismo kadampa de todo el mundo.*

Oraciones para meditar

Refugio

Yo y todos los seres sintientes nos refugiamos en Buda,
el Dharma y la Sangha hasta que alcancemos la
iluminación. (x3, x7, x100 o más)

Generación de bodhichita

Que por los méritos que acumule
con la práctica de la generosidad y otras perfecciones,
alcance el estado de Buda
para poder beneficiar a todos los seres sintientes.   (x3)

Generación de los cuatro deseos inconmensurables

Que todos los seres sean felices,
que todos los seres se liberen del sufrimiento,
que nadie sea desposeído de su felicidad,
que todos los seres logren ecuanimidad, libres de odio y
de apego.

Visualización del campo de méritos

Al igual que la luna llena está circundada de estrellas, ante mí en el espacio se halla Buda Shakyamuni rodeado de todos los Budas y Bodhisatvas.

Oración de las siete ramas

Respetuosamente me postro con cuerpo, palabra y
    mente,
os presento ofrendas materiales e imaginadas,
confieso mis malas acciones del pasado,
y me regocijo de las virtudes de los Seres Superiores y
    ordinarios.
Por favor, permaneced junto a nosotros hasta el fin del
    samsara,
y girad la Rueda del Dharma a los seres migratorios.
Dedico todas las virtudes para la gran iluminación.

Ofrecimiento del mandala

Os ofrezco esta base con flores y ungida de incienso,
con el Monte Meru, los cuatro continentes, el sol y la
    luna,
percibida como una tierra pura de Buda.
Que todos los seres puedan disfrutar de una tierra pura.

Aceptad, por favor, los objetos de mi apego, odio e
    ignorancia,
mi amigo, enemigo y desconocido, así como mi cuerpo y
    posesiones,
que sin sentimiento de pérdida os ofrezco.
Y bendecidme para que me libere de los tres venenos

mentales.

IDAM GURU RATNA MANDALAKAM NIRIATAYAMI

Oración de las etapas del camino

Bendecidme para que comprenda
que generar fe sincera en el bondadoso maestro espiritual,
fuente de toda virtud, es la raíz del camino,
y así le siga siempre con gran devoción.

Bendecidme para que comprenda
que este excelente renacimiento humano dotado de libertad
es muy valioso y difícil de conseguir,
y así dedique el día y la noche a extraer su esencia.

Mi cuerpo es frágil como una burbuja en el agua,
rápidamente decae y se destruye.
Y así como la sombra siempre sigue al cuerpo,
el resultado de mis acciones proseguirá a la muerte.

Con este entendimiento firme en la memoria
bendecidme para que, con extrema cautela,
evite siempre la mínima acción indebida
y acumule virtud en abundancia.

Los placeres del samsara son ilusorios,
no producen satisfacción sino tormentos.
Por ello, bendecidme para que solo me esfuerce
en lograr el gozo sublime de la liberación.

Bendecidme para que, con gran cuidado y atención,
inducido por este pensamiento puro,

mantenga el *pratimoksha*, la raíz de la doctrina,
como mi práctica esencial.

Al igual que yo, todos los maternales seres
están hundidos en el océano del samsara.
Bendecidme para que me adiestre en la bodhichita
y pueda liberar pronto a todos los seres.

Pero si solo cultivo esta mente
sin aplicarme en las tres moralidades,
no alcanzaré la iluminación.
Por ello, bendecidme para que guarde los votos del
    Bodhisatva.

Pacificando mis distracciones
e investigando el significado real,
bendecidme para que logre la unión
de la permanencia apacible y la visión superior.

Bendecidme para que, a través del camino común,
me convierta en un recipiente puro
y entre en el camino de los seres afortunados,
el *vajrayana*, el camino supremo.

Las dos realizaciones dependen
de mis sagrados votos y promesas.
Bendecidme para que lo entienda con claridad,
y siempre los mantenga aunque mi vida peligre.

Realizando a diario las cuatro sesiones
tal como indican los maestros sagrados,
bendecidme para que pronto alcance

las dos etapas del camino del tantra.

Que los Guías que me muestran el buen camino
y las amistades que me ayudan tengan larga vida,
y bendecidme para que pacifique por completo
todos los obstáculos, externos e internos.

Que siempre encuentre maestros perfectos
y disfrute del Dharma sagrado,
y que realizando las etapas del camino
pronto alcance el estado de Vajradhara.

Bendiciones y purificación

De los corazones de todos los seres sagrados fluye un
torrente de luz y néctar, que nos bendice y purifica.

*Puedes realizar ahora tu contemplación y meditación. Al final
de la meditación dedica los méritos con la siguiente oración:*

Dedicación

Que gracias a las virtudes que he acumulado
practicando las etapas del camino,
tengan también los demás seres sintientes
la oportunidad de realizar esta práctica.

Que todos los seres sintientes disfruten
de los gozos divinos y humanos,
y pronto alcancen la felicidad última,
cesando toda existencia en el samsara.

Oraciones de la tradición virtuosa

Para que la tradición de Yhe Tsongkhapa,
el Rey del Dharma, pueda florecer,
que todos los obstáculos sean pacificados
y que abunden las condiciones favorables.

Que gracias a las dos acumulaciones, mías y de otros,
reunidas durante los tres tiempos,
pueda la doctrina del Vencedor Losang Dragpa
brillar para siempre.

Oración de nueve versos de *Migtsema*

Tsongkhapa, corona de los eruditos de la Tierra de las
    Nieves,
eres Buda Shakyamuni y Vajradhara, fuente de todas las
    realizaciones,
Avalokiteshvara, tesoro de compasión inconcebible,
Manyhushri, suprema sabiduría inmaculada,
y Vajrapani, destructor de la multitud de maras.
¡Oh, venerable Guru Buda!, síntesis de las Tres Joyas,
con respeto, con mi cuerpo, palabra y mente, te suplico;
bendícenos a mí y a los demás seres para que nos
    liberemos y realicemos,
y concédenos las realizaciones comunes y supremas.   (x3)

Colofón: *Estas oraciones han sido recopiladas a partir de fuentes
tradicionales por el venerable Gueshe Kelsang Gyatso
y traducidas bajo su compasiva guía.*

Apéndice 4

¿Qué es la meditación?

¿Qué es la meditación?

La meditación es la mente que se concentra en un objeto virtuoso, y es una acción mental que es la causa principal de la paz interior. Cada vez que meditamos estamos realizando una acción que nos hará experimentar paz interior en el futuro. Normalmente tenemos perturbaciones mentales, lo opuesto a la paz interior, día y noche durante toda la vida. No obstante, en ocasiones gozamos de paz interior de forma natural. Esto se debe a que en vidas pasadas nos concentramos en objetos virtuosos. Un objeto virtuoso es aquel que apacigua nuestra mente cuando nos concentramos en él. Si como resultado de concentrarnos en un objeto generamos una mente desapacible, como el enfado o el apego, significa que es perjudicial para nosotros. También hay muchos objetos neutros que no son virtuosos ni perjudiciales.

La meditación puede ser de dos tipos: analítica o de emplazamiento. La meditación analítica consiste en contemplar el significado de cualquier enseñanza espiritual que hayamos leído o escuchado. La contemplación profunda de esta enseñanza nos conducirá a una conclusión definitiva o a generar un determinado estado mental virtuoso. Esta conclusión o estado mental virtuoso será el objeto de la meditación de emplazamiento. Entonces, nos concentramos de manera convergente en esta conclusión o estado virtuoso sin distracciones durante tanto tiempo como podamos para familiarizarnos por completo con él. Esta concentración convergente es la meditación de emplazamiento. El término *contemplación* suele utilizarse para referirse a la meditación analítica, y *meditación*, a la meditación de emplazamiento. La meditación de emplazamiento depende de la meditación analítica, y esta, de la escucha o lectura de las enseñanzas espirituales.

BENEFICIOS DE LA MEDITACIÓN

El propósito de la meditación es pacificar y calmar la mente. Como se mencionó en el *Apéndice 1*, cuando nuestra mente está serena, dejamos de tener preocupaciones y problemas, y disfrutamos de verdadera felicidad. En cambio, si carecemos de paz mental, por muy agradables que sean las condiciones externas que nos rodean, no podemos ser felices. Si nos adiestramos en la meditación, iremos descubriendo mayor paz en nuestro interior y disfrutaremos de una felicidad cada vez más pura. Finalmente, gozaremos en todo momento de felicidad, aunque tengamos que enfrentarnos con las circunstancias más adversas.

Por lo general, nos resulta difícil controlar nuestra mente. Es inestable y vulnerable a las circunstancias externas, como un globo a merced de los caprichos del viento. Cuando las cosas marchan bien, nos ponemos contentos, pero en caso contrario enseguida nos sentimos mal. Por ejemplo, si conseguimos lo que queremos, como nuevas posesiones, un mejor puesto de trabajo o una pareja, nos alegramos en exceso y nos aferramos a ello con intensidad, pero como no es posible cumplir todos nuestros deseos y es inevitable que algún día tendremos que separarnos de nuestras posesiones y amigos y dejar nuestro trabajo, este apego solo nos causa sufrimiento. Cuando no logramos lo que deseamos o perdemos algo que nos gusta, nos desanimamos o nos sentimos molestos. Por ejemplo, si nos vemos obligados a trabajar con una persona que nos resulta desagradable, es probable que nos pongamos de mal humor y nos sintamos presionados; en consecuencia, no somos eficientes y el trabajo nos produce estrés e insatisfacción.

Sufrimos estos cambios en nuestro estado de ánimo porque nos involucramos demasiado en las situaciones externas. Somos como niños que se emocionan al construir un castillo de arena en la playa, pero se ponen a llorar cuando las olas lo destruyen. Por medio de la meditación, creamos un espacio en nuestro interior y una claridad mental que nos permiten controlar nuestra mente sin que nos afecten las circunstancias externas. De manera gradual, adquirimos una estabilidad mental que nos permite estar siempre felices, en lugar de oscilar entre los extremos de la euforia y el desaliento.

Si practicamos la meditación con regularidad, finalmente

lograremos eliminar las perturbaciones mentales, la causa de todos nuestros problemas y sufrimientos. De este modo, disfrutaremos de paz interna permanente. A partir de entonces, día y noche, vida tras vida, solo experimentaremos paz y felicidad.

Al principio, aunque nos parezca que no avanzamos en la meditación, debemos recordar que solo con poner esfuerzo en practicarla estamos creando el karma mental para disfrutar de paz interior en el futuro. La felicidad de esta vida y de las futuras depende de nuestra experiencia de paz interior, que a su vez lo hace de la acción mental de la meditación. Puesto que la paz interior es la fuente de toda felicidad, la práctica de la meditación es muy importante.

CÓMO COMENZAR A MEDITAR

La primera etapa de la meditación consiste en disipar las distracciones y lograr más claridad y lucidez mentales, lo cual se puede conseguir con un ejercicio sencillo de respiración. Primero elegimos un lugar tranquilo para meditar y nos sentamos en una postura cómoda. Podemos sentarnos de la forma tradicional, con las piernas cruzadas, o en cualquier otra posición que nos resulte confortable. Si lo preferimos, nos podemos sentar en una silla. Lo más importante es mantener la espalda recta para evitar caer en un estado de sopor o somnolencia.

Mantenemos los ojos entreabiertos y enfocamos nuestra atención en la respiración. Respiramos con naturalidad a través de los orificios nasales, sin pretender controlar este proceso, e intentamos ser conscientes de la sensación que produce el aire al entrar y salir por la nariz. Esta sensación es nuestro objeto de meditación. Nos concentramos en él e intentamos olvidar todo lo demás.

Al principio, descubriremos que nuestra mente está muy ocupada y es posible que pensemos que la meditación la agita todavía más, pero, en realidad, lo que ocurre es que comenzamos a darnos cuenta del estado mental en que nos encontramos. Además, tendremos una gran tentación de seguir los diferentes pensamientos que vayan surgiendo, pero hemos de resistirla y concentrarnos en la sensación que se produce al respirar. Si descubrimos que nuestra mente se distrae con pensamientos e ideas, hemos de volver de inmediato a la respiración. Repetimos este ejercicio tantas veces como sea necesario hasta que la mente se concentre en la respiración.

Si practicamos de este modo con paciencia, las distracciones irán disminuyendo y experimentaremos una sensación de serenidad y relajación. Nuestra mente se volverá lúcida y espaciosa, y nos sentiremos restablecidos. Cuando el mar está encrespado, el sedimento del fondo se agita y el agua se enturbia; pero cuando el viento cesa, el lodo se deposita en el fondo de manera gradual y el agua se vuelve transparente. Del mismo modo, cuando por medio de la concentración en la respiración logramos calmar el flujo incesante de las distracciones, nuestra mente se vuelve especialmente lúcida y clara. Entonces, intentamos permanecer en ese estado de calma mental durante un tiempo.

Aunque este ejercicio de respiración no es más que una

etapa preliminar de la meditación, resulta muy eficaz. Esta práctica es una prueba de que podemos experimentar paz interior y satisfacción con solo controlar la mente, sin tener que depender de las condiciones externas. Cuando la turbulencia de las distracciones disminuye y la mente se calma, surge de forma natural en nuestro interior un sentimiento profundo de felicidad y satisfacción que nos ayuda a hacer frente al ajetreo y las dificultades de la vida diaria. La mayoría de las tensiones que sufrimos tienen su origen en la mente, y muchos de nuestros problemas, incluida la mala salud, son provocados o agravados por el estrés. Con solo practicar la meditación en la respiración durante diez o quince minutos al día, podremos reducir nuestro estrés. Entonces, experimentaremos una gran sensación de tranquilidad y bienestar, y la mayoría de nuestros problemas cotidianos se desvanecerán. Sabremos manejar mejor las situaciones difíciles, nos sentiremos más cerca de los demás, seremos más atentos con ellos y nuestras relaciones mejorarán.

Hemos de adiestrarnos en esta meditación preliminar hasta reducir las distracciones burdas, y luego practicar las meditaciones propiamente dichas, como las que se exponen en el *Nuevo manual de meditación*. Para realizar estas meditaciones, comenzamos calmando la mente con este ejercicio de respiración tal y como se ha descrito, y continuamos con las meditaciones analíticas y de emplazamiento siguiendo las instrucciones que correspondan en cada caso.

Apéndice 5

El modo de vida kadampa

PRÁCTICAS ESENCIALES DEL *LAMRIM* KADAM

Introducción

Esta práctica esencial del Lamrim kadam, conocida como *El modo de vida kadampa*, contiene dos textos: *Consejos de corazón de Atisha* y *Los tres aspectos principales del camino*, este último de Yhe Tsongkhapa. El primero resume el modo de vida de los antiguos practicantes kadampas, cuyo ejemplo de pureza y sinceridad deberíamos emular. El segundo es una profunda guía de meditación sobre las etapas del camino, Lamrim, que compuso Yhe Tsongkhapa basándose en las instrucciones que recibió directamente de Manyhushri, el Buda de la Sabiduría.

Si intentamos poner en práctica los consejos de Atisha con sinceridad y meditamos en el Lamrim según las instrucciones de Yhe Tsongkhapa, disfrutaremos en todo momento de una mente pura y feliz, y avanzaremos por el camino que nos conduce hacia la paz última de la iluminación total. Como el Bodhisatva Shantideva dice:

«Utilizando la nave de nuestra forma humana
podemos cruzar el gran océano del sufrimiento.
Puesto que en el futuro será muy difícil encontrar una
    embarcación así,
¡no seas necio y no te quedes dormido!».

Practicar de este modo es la esencia del modo de vida kadampa.

Consejos de corazón de Atisha

Cuando el venerable Atisha fue al Tíbet, primero visitó la ciudad de Ngari. Allí residió durante dos años e impartió numerosas enseñanzas a los discípulos de Yhang Chub O. Transcurrido este tiempo decidió regresar a la India, pero antes de partir, Yhang Chub O le rogó que ofreciera una última enseñanza. Atisha contestó que ya les había dado todos los consejos que necesitaban, pero en respuesta a sus insistentes ruegos, accedió y les dio los siguientes consejos:

¡Qué maravilla!

Amigos, puesto que ustedes ya poseen un gran conocimiento y un entendimiento claro, mientras que yo no soy más que un ser sin importancia y con poca sabiduría, no es adecuado que me pidan consejo. A pesar de todo, ya que ustedes, mis queridos amigos, a quienes estimo de todo corazón, me lo han rogado, les daré estos consejos esenciales con mi mente inferior e infantil.

Amigos míos, hasta que alcancen la iluminación, el Maestro Espiritual es indispensable; por lo tanto, confíen en su sagrado Guía Espiritual.

Hasta que realicen la verdad última, la escucha es indispensable; por lo tanto, escuchen las instrucciones de su Guía Espiritual.

Puesto que no alcanzaran el estado de Buda con un mero conocimiento del Dharma, esfuércense en la práctica con entendimiento.

Eviten aquellos lugares que perturben su mente, y permanescan allí donde su virtud se incremente.

Hasta que logren realizaciones estables, las diversiones mundanas son perjudiciales; por lo tanto, moren en un lugar donde no haya tales distracciones.

Eviten los amigos que los hagan aumentar sus perturbaciones mentales y confíen en los que los ayuden a incrementar su virtud. Guarden este consejo en su corazón.

Puesto que las actividades mundanas nunca se acaban, limiten sus actividades.

Dediquen sus virtudes durante el día y la noche, y vigilen siempre vuestra mente.

Puesto que han recibido consejos, practiquen durante el descanso de la meditación lo que su Guía Espiritual le   s haya indicado.

Si se adiestran con gran devoción, recibiran los frutos de inmediato sin tener que esperar mucho tiempo.

Si practican de todo corazón de acuerdo con el Dharma, serán provistos de alimentos y demás necesidades de forma natural.

Amigos míos, los objetos que desean no dan más satisfacción que beber agua salada; por lo tanto, aprendan a permanecer satisfechos.

Eviten las mentes altivas, engreídas, orgullosas y arrogantes, y permanezcan tranquilos y sumisos.

Eviten las actividades que, aún considerándose meritorias, en realidad, son obstáculos para el Dharma.

La ganancia y el respeto son los lazos que tienden los maras; por lo tanto, échenlos a un lado como si fueran piedras en el camino.

Las palabras de alabanza y celebridad solo sirven para engañarnos; por lo tanto, libérense de ellas como si se sonaran la nariz.

Puesto que son efímeros, dejen atrás la felicidad, el placer y los amigos que se logran en esta vida.

Puesto que las vidas futuras durarán mucho tiempo, acumulen la riqueza que los asista en el futuro.

Tendrán que marchar dejándolo todo atrás; por lo tanto, no se apeguen a nada.

Sientan compasión por los seres más sencillos y, sobre todo, eviten despreciarlos o humillarlos.

No sientan apego por el amigo ni odio por el enemigo.

En lugar de tener celos de las buenas cualidades de los demás, imitenlas con admiración.

En lugar de fijarnos en las faltas de los demás, fijense en las suyas y púrgenlas como si fueran mala sangre.

No contemplen sus buenas cualidades, sino las de los demás, y respeten a todos como lo haría un sirviente.

Consideren que todos los seres son sus padres y madres, y ámenlos como si fueran su hijo.

Mantengan siempre un rostro sonriente y una mente amorosa, y hablen con sinceridad y sin malicia.

Si hablan demasiado y sin sentido, cometeran numerosos errores; por lo tanto, hablen con moderación y solo cuando sea necesario.

Si se involucrán en actividades sin sentido,sus actividades virtuosas degenerarán; por lo tanto, abandonen las tareas que no sean espirituales.

Es una gran necedad esforzarse por realizar actividades que carecen de sentido.

Si no conseguen los objetos que desean, es por el karma que creaste en el pasado; por lo tanto, manten una mente feliz y relajada.

Tengan cuidado, ofender a los seres sagrados es peor que la muerte; por lo tanto, sean sinceros y honrados.

Puesto que toda la felicidad y el sufrimiento de esta vida son el resultado de acciones del pasado, no culpes a los demás.

Toda la felicidad proviene de las bendiciones de su Guía Espiritual; por lo tanto, correspondan siempre a su bondad.

Puesto que no podrán adiestrar las mentes de los demás mientras no hayán controlado la tuya, comiencen por dominar su propia mente.

Puesto que, sin lugar a dudas, tendrán que partir sin las riquezas que hayán acumulado, no cometán acciones perjudiciales por apego a la riqueza.

Las diversiones que distraen carecen de esencia; por lo tanto, practiquen la generosidad con sinceridad.

Guarden siempre una disciplina moral pura, porque gracias a ella obtendrán belleza en esta vida y felicidad en las futuras.

Puesto que el odio abunda en estos tiempos impuros, pónganse la armadura de la paciencia, libre del odio.

Siguen confinados en el samsara debido al poder de la pereza; por lo tanto, enciendan el fuego del esfuerzo de la aplicación.

Puesto que esta existencia humana se malgasta perdiendo el tiempo con distracciones, ahora es el momento de practicar la concentración.

Bajo la influencia de las creencias erróneas no puedes comprender la naturaleza última de los fenómenos; por lo tanto, analiza los significados correctos.

Amigos míos, en esta ciénaga del samsara no existe la felicidad; por lo tanto, trasládence a la tierra firme de la liberación.

Mediten siguiendo el consejo de su Guía Espiritual y desequen el río del sufrimiento de la existencia cíclica.

Contemplen lo que les digo con detenimiento, porque lo que sale de mi boca no son palabras vacías, sino consejos sinceros que les doy de corazón.

Si practicán de este modo, me complacerán, serán felices y harán felices también a los demás.

Yo, que soy un ignorante, les suplico que practiquén estos consejos de todo corazón.

Estos son los consejos que el sagrado ser, el venerable Atisha, dio al honorable Yhang Chub O.

Los tres aspectos principales del camino

Homenaje al venerable Guía Espiritual

Voy a explicar lo mejor que pueda
el significado esencial de todas las enseñanzas de los
    Vencedores,
el camino alabado por los sagrados Bodhisatvas
y la puerta de los afortunados que buscan la liberación.

Tú, que no estás apegado a los placeres del samsara,
sino que te esfuerzas por extraer el significado de tus
    dones y libertades,
¡oh, ser afortunado, que sigues el camino que agrada a los
    Vencedores!,
escucha, por favor, con una mente clara.

Sin la renuncia pura no es posible apaciguar
el apego a los placeres del samsara;
y, puesto que los seres sintientes están atados por el deseo
    al samsara,
comienza persiguiendo la renuncia.

Las libertades y los dones son difíciles de encontrar, y no
hay tiempo que perder.
Con este entendimiento, supera el apego a esta vida;
y, contemplando una y otra vez las acciones y sus efectos y
los sufrimientos del samsara,
supera el apego a las vidas futuras.

Cuando, tras contemplar de este modo, no generes ni
siquiera por un momento
el deseo por los placeres del samsara,
sino que generes día y noche la mente que aspira a la
liberación,
en ese momento, habrás realizado la renuncia.

No obstante, si esta renuncia no se mantiene
con una bodhichita completamente pura,
no será la causa de la felicidad perfecta de la iluminación
insuperable;
por lo tanto, el sabio cultiva la bodhichita suprema.

Arrastrados por la corriente de los cuatro ríos poderosos,
atados por las cadenas del karma, tan difíciles de
romper,
atrapados en la férrea malla del aferramiento propio,
velados totalmente por la oscuridad de la ignorancia,

sometidos a un renacimiento tras otro en el samsara sin
límites,
atormentados sin cesar por los tres sufrimientos:
contempla la situación de tus madres en circunstancias
como estas
y genera la mente suprema [de bodhichita].

Pero, aunque te familiarices con la renuncia y la
   bodhichita,
si no posees la sabiduría que comprende el modo en que
   existen los fenómenos,
no serás capaz de cortar la raíz del samsara;
por lo tanto, esfuérzate por aplicar los métodos para
   comprender la relación dependiente.

Quien niegue el objeto concebido por el aferramiento
   propio
y, al mismo tiempo, perciba la infalibilidad de la causa y el
   efecto
de todos los fenómenos del samsara y del nirvana,
ha entrado en el camino que complace a los Budas.

La apariencia de la relación dependiente es infalible
y la vacuidad es inexpresable;
mientras el significado de estas dos te parezca distinto,
aún no habrás comprendido la intención de Buda.

Cuando surjan unidas y simultáneas, sin alternar,
con solo comprender la infalible relación dependiente
obtendrás un conocimiento que elimina todo aferramiento
   a los objetos;
en ese momento, habrás completado el análisis de la
   visión.

Además, cuando disipes el extremo de la existencia con la
   apariencia
y el extremo de la inexistencia con la vacuidad,
y comprendas cómo la vacuidad es percibida como causa y efecto,
dejarás de ser cautivo de las creencias extremas.

Cuando, de este modo, hayas realizado correctamente los
   significados esenciales
de los tres aspectos principales del camino,
querido mío, retírate en soledad, esfuérzate con
   diligencia
y completa con rapidez la meta final.

Colofón: *Estos dos textos han sido traducidos bajo la compasiva guía del venerable Gueshe Kelsang Gyatso Rimpoché.*

Glosario de términos

Aires internos

Aires de energía interna relacionados con la mente, que fluyen por los canales de nuestro cuerpo. Sin ellos, nuestro cuerpo y mente no podrían funcionar. Véanse *Budismo moderno*, *Caminos y planos tántricos*, *La luz clara del gozo* y *Mahamudra del tantra*.

Amor

La mente que desea que los demás sean felices. Hay tres clases de amor: afectivo, que estima a los demás y desiderativo. Véanse *Budismo moderno*, *El camino gozoso de buena fortuna* y *Transforma tu vida*.

Apego

Factor mental perturbador que observa un objeto contaminado, lo considera como una causa de felicidad y lo desea. Véanse *Comprensión de la mente* y *El camino gozoso de buena fortuna*.

Atisha (982-1054)

Famoso erudito budista indio y maestro de meditación. Fue abad del gran monasterio de Vikramashila en los tiempos en que el budismo mahayana florecía en la India. Posteriormente fue invitado al Tíbet, donde restableció el budismo. Autor del primer texto sobre las etapas del camino, *La lámpara del camino*. Su tradición fue conocida más tarde como la *tradición kadampa*. Véanse *Budismo moderno* y *El camino gozoso de buena fortuna*.

Avalokiteshvara

Personificación de la compasión de todos los Budas. Unas veces aparece con un rostro y cuatro brazos; y otras, con once rostros y mil brazos. Su nombre en tibetano es *Chenrezsig*. Véase *Una vida llena de significado, una muerte gozosa*.

Bendición

Proceso de transformación de la mente de un estado negativo a uno virtuoso, de uno de infelicidad a uno de felicidad, o de uno de debilidad a uno de fortaleza, que se produce como resultado de recibir la inspiración de seres sagrados, como nuestro Guía Espiritual, los Budas o los Bodhisatvas.

Bodhichita

Término sánscrito que significa 'mente de la iluminación'. *Bodhi* quiere decir 'iluminación', y *chita*, 'mente'. Puede ser de dos clases: convencional y última. Por lo general, cuando se habla de *bodhichita*, se hace referencia a la convencional, la mente primaria motivada por la gran compasión que desea de manera espontánea alcanzar la iluminación por el beneficio de todos los seres sintientes, y puede ser aspirante o comprometida. La bodhichita última es la sabiduría que realiza la vacuidad, la naturaleza última de los fenómenos, de manera directa, y está motivada por la bodhichita convencional. Véanse *Budismo moderno, Compasión universal, El camino gozoso de buena fortuna, Ocho pasos hacia la felicidad* y *Tesoro de contemplación.*

Bodhisatva

Aquel que ha generado la mente de bodhichita de manera espontánea, pero aún no es un Buda. Véanse *El camino gozoso de buena fortuna* y *Tesoro de contemplación.*

Buda

Por lo general significa ´Ser Despierto´, aquel que ha despertado del sueño de la ignorancia y percibe los fenómenos tal y como son. Un Buda es una persona libre por completo de todas las faltas y obstrucciones mentales. Todos los seres tienen el potencial de convertirse en un Buda. Véase también BUDA SHAKYAMUNI. Véanse *Budismo moderno* y *El camino gozoso de buena fortuna.*

Buda Shakyamuni

El Buda fundador de la religión budista. Véase *Introducción al budismo.*

Budeidad

Sinónimo de *iluminación total.*

Budista

Aquel que desde lo más profundo de su corazón se refugia en las Tres Joyas –Buda, Dharma y Sangha–. Véase *Introducción al budismo.*

Canal central
Canal principal en el centro del cuerpo en el que se localizan los chakras o ruedas de canales. Véase *Caminos y planos tántricos*.

Compasión
La mente virtuosa que desea que los demás se liberen del sufrimiento. Véanse *Budismo moderno* y *Ocho pasos hacia la felicidad*.

Creencia errónea
Percepción adquirida intelectualmente que niega la existencia de un objeto cuyo entendimiento es necesario para alcanzar la liberación o la iluminación, como la existencia de los Budas, el karma o el renacimiento. Véanse *Comprensión de la mente* y *El camino gozoso de buena fortuna*.

Creencia extrema
Concepción perturbadora que observa al yo concebido por la creencia del conjunto transitorio y considera que es permanente o que deja de existir por completo en el momento de la muerte. Véase *Comprensión de la mente*.

Chakra / rueda de canales
Palabra sánscrita que literalmente significa 'rueda de canales'. Centro focal del canal central desde donde se ramifican los canales secundarios. La meditación en estos puntos causa que los aires internos penetren en el canal central. Véase también CANAL CENTRAL. Véase *Caminos y planos tántricos*.

Chekhaua, gueshe (1102-1176)
Gran Bodhisatva kadampa que compuso el texto *Adiestramiento de la mente en siete puntos*, comentario al *Adiestramiento de la mente*

en ocho estrofas, de Gueshe Langri Tangpa. Difundió el estudio y la práctica del adiestramiento de la mente por todo el Tíbet. Véase *Compasión universal*.

Dedicación

Intención virtuosa cuya función es hacer que aumenten las virtudes que hayamos acumulado e impedir que degeneren. Véase *El camino gozoso de buena fortuna*.

Designación

Según la escuela madhyamika-prasanguika, todos los fenómenos son meramente designados por la mente conceptual en dependencia de sus bases de designación. Por lo tanto, son meras designaciones y no existen por su propio lado. Véanse *Budismo moderno* y *Nuevo corazón de la sabiduría*.

Dharmapala

Palabra sánscrita que significa 'Protector del Dharma'. Manifestación de un Buda o Bodhisatva cuya función principal es eliminar los obstáculos de los practicantes puros de Dharma y reunir las condiciones necesarias para su adiestramiento espiritual. Véase *Gema del corazón*.

Engaño / Perturbación mental

Factor mental que surge de la atención inapropiada y cuya función es turbar la mente y descontrolarla. Las perturbaciones mentales principales son tres: el apego, el odio y la ignorancia. De ellas surgen todos los demás engaños, como los celos, el orgullo y la duda perturbadora. Véase *Comprensión de la mente*.

Estado intermedio
Bardo en tibetano. Estado entre la muerte y el renacimiento. Comienza en el momento en que la consciencia abandona el cuerpo y cesa cuando esta entra en el cuerpo de la nueva vida. Véase *El camino gozoso de buena fortuna*.

Estimación propia / autoestima
La actitud mental de considerarse uno mismo supremamente importante y especial. Es el objeto principal que los Bodhisatvas se esfuerzan por eliminar. Véanse *Budismo moderno, Compasión universal, El camino gozoso de buena fortuna, Ocho pasos hacia la felicidad* y *Tesoro de contemplación*.

Etapas del camino
Véase LAMRIM.

Existencia inherente
Modo de existencia imaginado en el que los fenómenos existen por su propio lado, independientes unos de otros. En realidad, todos los fenómenos carecen o son vacíos de existencia inherente porque dependen de sus partes. Véanse *Budismo moderno, El camino gozoso de buena fortuna, Nuevo corazón de la sabiduría* y *Transforma tu vida*.

Existencia verdadera
La que no depende de una designación conceptual.

Extremos de la existencia y la no existencia
Buda presentó el camino medio refutando los dos extremos: el extremo de la existencia (que los fenómenos tienen existencia inherente) y el extremo de la no existencia (que los fenómenos

no existen en absoluto).

Fe

Factor mental cuya función principal es eliminar la carencia de fe. Es una mente virtuosa por naturaleza y su función es oponerse a la percepción de faltas en el objeto observado. Existen tres clases de fe: fe creyente, fe admirativa y fe desiderativa. Véanse *Budismo moderno*, *Comprensión de la mente* y *Transforma tu vida*.

Fenómeno contaminado

Todo objeto que provoca la aparición o el incremento de las perturbaciones mentales. Por ejemplo, el entorno, los seres y los disfrutes del samsara. Véase *El camino gozoso de buena fortuna*.

Gueshe

Título concedido por los monasterios kadampas a los eruditos budistas con ciertas cualificaciones. Contracción en tibetano de las palabras *gue güei she ñien*, que literalmente significan 'amigo virtuoso'.

Guía de las obras del Bodhisatva

Texto clásico mahayana compuesto por el gran yogui budista indio e ilustre erudito Shantideva en el que se presenta el adiestramiento completo del Bodhisatva, desde la generación inicial de la bodhichita hasta la práctica de las seis perfecciones. Véanse su traducción *Guía de las obras del Bodhisatva* y su comentario *Tesoro de contemplación*.

Guía Espiritual

Guru en sánscrito, *Lama* en tibetano. Maestro que nos guía por el camino espiritual. Véanse *Budismo moderno*, *El camino gozoso de buena fortuna, Gema del corazón* y *Mahamudra del tantra.*

Iluminación

Sabiduría omnisciente libre de todas las apariencias equívocas. Véanse *Budismo moderno, El camino gozoso de buena fortuna* y *Transforma tu vida.*

Impresión

Poder potencial que las acciones y las perturbaciones mentales dejan grabado en la consciencia mental. Hay dos clases de impresiones: las de las acciones y las de las perturbaciones mentales. Todas las acciones dejan grabadas sus huellas o impresiones en la consciencia mental que son potenciales que producirán determinados efectos en el futuro. Las impresiones de las perturbaciones mentales permanecen en la mente aun cuando se han eliminado los propios engaños. Las impresiones de las perturbaciones mentales son las obstrucciones a la omnisciencia y solo los Budas las han eliminado por completo. Tanto las impresiones de las acciones como las de las perturbaciones mentales pueden ser virtuosas, perjudiciales o neutras.

Karma

Palabra sánscrita que significa 'acción'. Impulsados por la intención efectuamos acciones físicas, verbales y mentales, y todas ellas producen efectos. Las acciones virtuosas producen como resultado felicidad, y las perjudiciales, sufrimiento. Véanse *Budismo moderno* y *El camino gozoso de buena fortuna.*

Lamrim

Palabra tibetana que significa 'etapas del camino'. Presentación especial de todas las enseñanzas de Buda fácil de comprender y de poner en práctica. Revela todas las etapas del camino hacia la iluminación. Para un comentario completo, véanse *Budismo moderno* y *El camino gozoso de buena fortuna*.

Luz clara

La mente muy sutil manifiesta que percibe una apariencia como un espacio claro y vacío. Véanse *Budismo moderno, Caminos y planos tántricos* y *La luz clara del gozo*.

Mahayana

Término sánscrito que significa 'gran vehículo', el camino espiritual que conduce a la gran iluminación. El objetivo del camino mahayana es alcanzar la Budeidad por el beneficio de todos los seres sintientes abandonando por completo las perturbaciones mentales y sus impresiones. Véanse *El camino gozoso de buena fortuna* y *Tesoro de contemplación*.

Mantra

Palabra sánscrita que significa 'protección de la mente'. El mantra protege la mente de apariencias y concepciones ordinarias. Hay cuatro clases de mantras: los que son mente, los que son aires internos, los que son sonidos y los que son formas. Por lo general, hay tres clases de recitación de mantras: recitación verbal, recitación mental y recitación vajra. Véase *Caminos y planos tántricos*.

Manyhushri

Personificación de la sabiduría de todos los Budas.

Mara / demonio

Palabra sánscrita que significa 'demonio'. Se refiere a todo aquello que obstaculiza el logro de la liberación o de la iluminación. Hay cuatro clases principales de maras: el mara de las perturbaciones mentales, el de los agregados contaminados, el de la muerte sin control y los maras Devaputra. De ellos, solo los últimos son seres sintientes. Véase *Nuevo corazón de la sabiduría*.

Memoria / retentiva mental

Factor mental cuya función es no olvidar el objeto realizado por la mente primaria. Véase *Comprensión de la mente*.

Méritos

Buena fortuna que se acumula al realizar acciones virtuosas. Es el poder potencial de aumentar nuestras buenas cualidades y ser felices.

Nueva Tradición Kadampa – Unión Internacional de Budismo Kadampa *(se utilizan internacionalmente las siglas en inglés NKT-IKBU)*

Unión de los centros budistas kadampas, como asociación internacional de centros para el estudio y la meditación, que siguen la tradición pura del budismo mahayana que procede del ilustre erudito y gran meditador Yhe Tsongkhapa y que fue introducida en Occidente por el venerable maestro budista Gueshe Kelsang Gyatso.

Ofrecimiento del mandala

Ofrenda del universo entero visualizado como una tierra pura y de los seres que en él habitan como seres puros.

Orgullo

Factor mental perturbador que siente arrogancia al considerar y exagerar nuestras buenas cualidades o posesiones. Véase *Comprensión de la mente*.

Percepción errónea

Conocedor que está equivocado respecto a su objeto conectado o aprehendido. Véase *Comprensión de la mente*.

Postración

Muestra física, verbal y mental de respeto. Véanse *El camino gozoso de buena fortuna* y *El voto del Bodhisatva*.

Preciosa existencia humana

Aquella que está dotada de los diez dones y las ocho libertades especiales con los que se tiene la oportunidad idónea de adiestrar la mente en todas las etapas del camino hacia la iluminación. Véanse *Budismo moderno*, *El camino gozoso de buena fortuna* y *Nuevo corazón de sabiduría*.

Purificación

Por lo general, toda práctica que ayude a lograr un cuerpo, una palabra y una mente puros. En particular, las prácticas que sirven para purificar el karma perjudicial por medio de los cuatro poderes oponentes. Véanse *El voto del Bodhisatva* y *Tesoro de Contemplación*.

Puyha

Ceremonia en la que se realizan ofrendas y otras muestras de devoción a los seres sagrados.

Realización / logro

Experiencia estable e inequívoca de un objeto virtuoso que nos protege de manera directa del sufrimiento.

Refugio

La verdadera protección del sufrimiento. Refugiarnos en las Tres Joyas del Buda, el Dharma y la Sangha significa tener fe y confiar en ellas para protegernos de todos nuestros temores y sufrimientos. Véanse *Budismo moderno, El camino gozoso de buena fortuna* y *Tesoro de contemplación*.

Reino de los infiernos

El inferior de los seis reinos del samsara. Véase *El camino gozoso de buena fortuna*.

Reinos inferiores

El reino de los infiernos, el de los espíritus ávidos y el de los animales. Véase también SAMSARA.

Relación dependiente

Aquel fenómeno que existe en dependencia de otros fenómenos. Todos los objetos que existen son fenómenos de relación dependiente porque dependen de sus partes. En ocasiones se hace la distinción entre *relación dependiente* (tib.: *tendrel*), y *surgimiento dependiente* (tib.: *tenyhung*); este último término se refiere al fenómeno que surge en dependencia de causas y condiciones. Sin embargo, ambos términos se utilizan muchas veces como sinónimos. Véanse *El camino gozoso de buena fortuna* y *Nuevo corazón de la sabiduría*.

Samsara

Término sánscrito que significa 'existencia cíclica'. Su significado puede comprenderse de dos maneras: como el ciclo ininterrumpido de renacimientos sin control ni elección o como los agregados contaminados del ser que renace en este ciclo. El samsara se caracteriza por el sufrimiento y la insatisfacción. En el samsara hay seis reinos de existencia. En orden ascendente, según la clase de karma que causa el renacimiento en cada uno de ellos, son: el reino de los infiernos, el de los espíritus ávidos, el de los animales, el de los humanos, el de los semidioses y el de los dioses. Los tres primeros constituyen los reinos inferiores o renacimientos desafortunados, y los otros tres, los reinos superiores o renacimientos afortunados. Véanse *El camino gozoso de buena fortuna* y *Nuevo corazón de la sabiduría*.

Satisfacción

Sentirnos satisfechos con nuestras circunstancias externas e internas motivados por una intención virtuosa.

Sensación

Factor mental cuya función es experimentar objetos agradables, desagradables o neutros. Véase *Comprensión de la mente*.

Ser sintiente

Ser cuya mente está contaminada por las perturbaciones mentales o sus impresiones, a diferencia de los Budas, cuyas mentes están libres por completo de estas dos obstrucciones.

Shantideva (687-763)

Gran erudito budista indio y maestro de meditación, autor de la *Guía de las obras del Bodhisatva*. Véase *Tesoro de contemplación*.

Sutra

Las enseñanzas de Buda que pueden practicarse sin necesidad de haber recibido una iniciación. Incluyen las instrucciones que Buda enseñó durante los tres giros de la rueda del Dharma. Véase *Budismo moderno*.

Tantra / mantra secreto

Las enseñanzas del tantra se diferencian de las del sutra en que revelan métodos para el adiestramiento de la mente con los que se trae el resultado futuro o Budeidad al camino presente. El practicante del tantra supera las apariencias y concepciones ordinarias visualizando que su cuerpo, su entorno, sus disfrutes y sus acciones son los de un Buda. El tantra es el camino supremo hacia la iluminación total. Solo aquellos que han recibido una iniciación tántrica pueden realizar estas prácticas, y deben hacerlo en privado. Término sinónimo de *mantra secreto*. Véanse *Budismo moderno, Caminos y planos tántricos* y *Mahamudra del tantra*.

Tathagata

Palabra sánscrita que significa 'Ser que ha Pasado al Más Allá'. Es un epíteto de Buda.

Tiempo sin principio

Según la visión budista del mundo, la mente no tiene principio y, por lo tanto, el tiempo tampoco lo tiene. De ello se deduce que todos los seres sintientes han renacido innumerables veces.

Tiempos de degeneración

Período caracterizado por el declive de las actividades espirituales.

Tradición kadampa

Tradición pura de budismo fundada por Atisha. Antes de la aparición de Yhe Tsongkhapa, a los seguidores de esta tradición se los conocía como los *antiguos kadampas*; y después, como los *nuevos kadampas*. Véanse *Budismo moderno* y NUEVA TRADICIÓN KADAMPA.

Tres Joyas

Los tres objetos de refugio: la Joya del Buda, la Joya del Dharma y la Joya de la Sangha. Se denominan *Joyas* porque son difíciles de encontrar y tienen un gran valor. Véase *El camino gozoso de buena fortuna*.

Vacuidad

La carencia de existencia inherente, la naturaleza última de todos los fenómenos. Véanse *Budismo moderno, Nuevo corazón de la sabiduría* y *Transforma tu vida*.

Vencedor / Conquistador

Un Buda recibe el nombre de *Vencedor* o *Conquistador* porque ha vencido a las cuatro clases de maras. Véase también MARA.

Verdad última

La naturaleza última de todos los fenómenos –la vacuidad–. Véanse *Budismo moderno, Nuevo corazón de la sabiduría* y *Transforma tu vida*.

Vigilancia mental

Factor mental que es una clase de sabiduría que examina las actividades de nuestro cuerpo, palabra y mente, y detecta si se generan faltas o no. Véase *Comprensión de la mente*.

Yhe Tsongkhapa (1357-1419)

Emanación de Manyhushri, el Buda de la Sabiduría. Tal y como predijo Buda Shakyamuni, se manifestó como un monje en el Tíbet en el siglo XIV y fue el sostenedor del linaje de la visión y de las obras puras. Difundió un Budadharma de gran pureza mostrando cómo combinar las prácticas del sutra y del tantra, y cómo practicar correctamente el Dharma en tiempos de degeneración, gracias a lo cual la doctrina budista recuperó su pureza. Posteriormente su tradición se conoció como *tradición ganden* o *guelug*. Véanse *Gema del corazón* y *Gran tesoro de méritos*.

Yogui o yoguini

Palabra sánscrita en masculino y femenino, respectivamente, que se utiliza, por lo general, para referirse al meditador que ha alcanzado la unión de la permanencia apacible y la visión superior.

Lecturas recomendadas

Gueshe Kelsang Gyatso es un gran maestro de meditación e ilustre erudito de la tradición de budismo mahayana fundada por Yhe Tsongkhapa. Desde que llegó al Occidente en 1977, Gueshe Kelsang ha trabajado de manera infatigable para establecer el Budadharma puro por todo el mundo. Durante este tiempo ha impartido extensas enseñanzas sobre las principales escrituras mahayanas. Estas enseñanzas se han publicado en inglés y traducido a numerosas lenguas y constituyen una exposición completa de las prácticas esenciales del sutra y el tantra del budismo mahayana. Es el fundador de numerosos centros de budismo en varios países del mundo.

Libros

Títulos disponibles publicados por Editorial Tharpa:

Budismo moderno El camino de la compasión y la sabiduría.

Caminos y planos tántricos Cómo entrar en el camino vajrayana, recorrerlo y completarlo.

Cómo solucionar nuestros problemas humanos Las cuatro nobles verdades.

Compasión universal Soluciones inspiradoras para tiempos difíciles.

Comprensión de la mente Naturaleza y poder de la mente.

El camino gozoso de buena fortuna El sendero budista completo hacia la iluminación.

El voto del Bodhisatva Guía práctica para ayudar a los demás.

Esencia del vajrayana La práctica del tantra del yoga supremo del mandala corporal de Heruka.

Gema del corazón Las prácticas esenciales del budismo kadampa.

Gran tesoro de méritos Cómo confiar en el Guía Espiritual.

Introducción al budismo Una presentación del modo de vida budista.

Mahamudra del tantra Néctar supremo de la gema del corazón.

Nueva guía del Paraíso de las Dakinis La práctica del tantra del yoga supremo de Buda Vajrayoguini.

Nuevo corazón de la sabiduría Las enseñanzas profundas del corazón de Buda.

Nuevo manual de meditación Meditaciones para una vida feliz y llena de significado.

Ocho pasos hacia la felicidad El modo budista de amar.

Tesoro de contemplación El modo de vida del Bodhisatva.

Transforma tu vida Un viaje gozoso.

Una vida con significado, una muerte gozosa La profunda

práctica de la transferencia de conciencia.

Guía de las obras del Bodhisatva Cómo disfrutar de una vida altruista y llena de significado. Compuesto por Shantideva, traducido del tibetano al inglés por Neil Elliot bajo la guía de Gueshe Kelsang Gyatso.

En proceso de traducción

La luz clara del gozo Manual de meditación tántrica.
Océano de néctar La verdadera naturaleza de todos los fenómenos.

Sadhanas y otros textos

Gueshe Kelsang ha supervisado personalmente la traducción de una colección esencial de sadhanas (oraciones y prácticas) y otros textos.

1. *Adiestramiento de la mente en ocho estrofas*
Texto raíz del adiestramiento de la mente.
2. *Asamblea de buena fortuna*
Práctica del *tsog* del mandala corporal de Heruka.
3. *Ceremonia de poua*
Transferencia de consciencia para los difuntos.
4. *Ceremonia del refugio mahayana* y *Ceremonia del voto del Bodhisatva*
Ceremonias rituales para acumular méritos para el beneficio de todos los seres.
5. *Cómo rellenar y bendecir estatuas*
Instrucciones para rellenar y bendecir las estatuas de Budas.
6. *Confesión del Bodhisatva*

Práctica de purificación del *Sutra mahayana de los tres cúmulos superiores*.

7. *Destreza para enseñar*

Programa especial de formación de maestros de budismo kadampa.

8. *El budismo kadampa en la actualidad*

9. *El camino de la compasión para el difunto*

Sadhana de poua por el beneficio del difunto.

10. *El camino de la compasión para el moribundo*

Sadhana de poua por el beneficio del moribundo.

11. *El camino gozoso*

Sadhana concisa de la autogeneración como Vajrayoguini.

12. *El camino hacia la tierra pura*

Sadhana para el adiestramiento en la práctica de poua.

13. *El camino rápido al gran gozo*

Sadhana para realizar la autogeneración como Vajrayoguini.

14. *El melodioso tambor que vence en todas las direcciones*

El ritual extenso de cumplimiento y renovación de nuestro compromiso con el Protector del Dharma, el gran rey Doryhe Shugden, junto con Mahakala, Kalarupa, Kalindevi y otros Protectores del Dharma.

15. *El modo de vida kadampa*

Prácticas esenciales del *Lamrim* kadam: *Consejos de corazón de Atisha* y *Los tres aspectos principales del camino* de Yhe Tsongkhapa.

16. *El Tantra raíz de Heruka y Vajrayoguini*

17. *El yoga de Arya Tara, la Madre Iluminada*

Sadhana de autogeneración.

18. *El yoga de Avalokiteshvara de mil brazos*

Sadhana de autogeneración.

19. *El yoga de Buda Amitayus*

Método especial para lograr longevidad e incrementar méritos y sabiduría.

20. *El yoga de Buda Heruka*

Sadhana esencial de la autogeneración del mandala corporal de Heruka y yoga conciso de las seis sesiones.

21. *El yoga de Buda Maitreya*

Sadhana de autogeneración.

22. *El yoga de Buda Vajrapani*

Sadhana de autogeneración.

23. *El yoga de la Gran Madre Prajnaparamita*

Sadhana de autogeneración.

24. *El yoga de Tara Blanca, el Buda de Larga Vida*

Práctica con Tara Blanca, Deidad femenina iluminada para obtener larga vida, sabiduría y buena fortuna.

25. *El yoga inconcebible extraordinario*

La instrucción especial para alcanzar la tierra pura de Keajra con el presente cuerpo humano.

26. *Esencia de buena fortuna*

Oraciones de las seis prácticas preparatorias para la meditación de las etapas del camino hacia la iluminación.

27. *Esencia del vajrayana*

Sadhana de autogeneración del mandala corporal de Heruka según el sistema del *Mahasidha* Ghantapa.

28. *Esencia del vajrayana concisa*

Sadhana concisa de la autogeneración del mandala corporal de Heruka.

29. *Gema del corazón*

Yoga del Guru Yhe Tsongkhapa en combinación con la sadhana abreviada del Protector Doryhe Shugden.

30. *Gota de esencia de néctar*

Ritual especial de ayuno y práctica de purificación con Buda Avalokiteshvara de once rostros.

31. *Joya preliminar para el retiro del mandala corporal de Heruka*

32. *La fiesta del gran gozo*

Sadhana para realizar la autoiniciación de Vajrayoguini.

33. *La gema que colma todos los deseos*

Práctica del yoga del Guru Yhe Tsongkhapa en combinación con la sadhana mediana del Protector Doryhe Shugden.

34. *La gran liberación de la Madre*

Prácticas preliminares para la meditación del Mahamudra en combinación con la práctica de Vajrayoguini.

35. *La gran liberación del Padre*

Prácticas preliminares para la meditación del Mahamudra en combinación con la práctica de Heruka.

36. *La Gran Madre de la Sabiduría*

Método para eliminar obstáculos e interferencias con la recitación del *Sutra de la esencia de la sabiduría* (*Sutra del corazón*).

37. *La guía*

Guía práctica para presentar las enseñanzas del Dharma kadam en áreas urbanas.

38. *La joya preliminar*

Preliminares concisas para el retiro de Vajrayoguini.

39. *Liberación del dolor*

Alabanzas y súplicas a las veintiuna Taras.

40. *Los votos y compromisos del budismo kadampa*

41. *Manual para la práctica diaria de los votos del Bodhisatva y los votos tántricos*

42. *Meditación y recitación del Vajrasatva Solitario*

Práctica de purificación.

43. *Nuevo manual de ordenación*

Nuevo manual de ordenación de la tradición kadampa.

44. *Ofrenda al Guía Espiritual* (*Lama Chopa*)

Un modo especial de confiar en el Guía Espiritual.

45. *Oración del Buda de la Medicina*

Un método para beneficiar a los demás.

46. *Oraciones para meditar*

Breves oraciones preparatorias para la meditación.

47. *Oraciones por la paz en el mundo*

48. *Oraciones sinceras*

Funeral para cremaciones y entierros.

49. *Poua concisa*

50. *Práctica concisa de Buda Amitayus*

51. Preliminares para el retiro de Vajrayoguini

52. *Rey del Dharma*

Método para realizar la autogeneración como Yhe Tsongkhapa.

53. *Sadhana de Avalokiteshvara*

Oraciones y súplicas al Buda de la Compasión.

54. *Sadhana de Samayavajra*

55. *Sadhana del Buda de la Medicina*

Un método para alcanzar las realizaciones del Buda de la
Medicina.

56. *Sadhana de la ofrenda de fuego de Vajradaka*

Práctica para purificar las faltas e impurezas.

57. *Sadhana de la ofrenda de fuego de Vajrayoguini*

58. *Sadhana de la ofrenda de fuego del mandala corporal de Heruka*

59. *Tesoro de sabiduría*

Sadhana del venerable Manyhushri.

60. *Una vida pura*

Práctica para recibir y mantener los ocho preceptos mahayanas.

61. *Unión de No Más Aprendizaje*

Sadhana de la autoiniciación del mandala corporal de Heruka.

62. *Viaje gozoso*

Cómo realizar el retiro de aproximación del mandala corporal de
Heruka.

63. *Yoga de la Dakini*

Seis sesiones del yoga del Guru en combinación con la
autogeneración de Vajrayoguini.

64. *Yoga del Héroe Vajra*

Práctica breve de la autogeneración del mandala corporal de Heruka.

Programas de estudio
de budismo kadampa

El budismo kadampa es una escuela de budismo mahayana fundada por el gran maestro indio Atisha (982-1054). Sus seguidores se conocen con el nombre de *kadampas*. *Ka* significa 'palabra' y se refiere a las enseñanzas de Buda; y *dam*, a las instrucciones especiales del Lamrim, las etapas del camino hacia la iluminación, que Atisha enseñó. Los budistas kadampas integran su conocimiento de todas las enseñanzas de Buda en su práctica del Lamrim, y esta en su vida diaria, y de este modo las utilizan para transformar sus actividades en el camino hacia la iluminación. Los grandes maestros kadampas son famosos, no solo por su gran erudición, sino también por su inmensa pureza y sinceridad espiritual.

El linaje de estas enseñanzas, tanto la transmisión oral de sus instrucciones como sus bendiciones, fue transmitido de maestro a discípulo, difundiéndose por gran parte del continente asiático y en la actualidad por muchos países del mundo moderno. Las enseñanzas de Buda reciben el nombre de *Dharma* y se dice que son como una rueda que se traslada de un lugar a otro según cambian las condiciones e inclinaciones kármicas de sus habitantes. La presentación externa del budismo puede cambiar para adaptarse a las diversas culturas y sociedades, pero su verdadera esencia permanece intacta gracias al linaje ininterrumpido de practicantes realizados.

El budismo kadampa fue introducido en Occidente por el venerable Gueshe Kelsang Gyatso en 1977. Desde entonces, este maestro budista ha trabajado de manera infatigable para difundir este precioso Dharma por todo el mundo, ha impartido enseñanzas, escrito profundos libros y comentarios sobre budismo kadampa y fundado la Nueva Tradición Kadampa – Unión Internacional de Budismo Kadampa (NKT – IKBU), que ya cuenta con más de mil centros y grupos de budismo kadampa por todo el mundo. En cada centro se ofrecen programas de estudio sobre psicología y filosofía budista, instrucciones para la meditación y se organizan retiros para practicantes de todos los niveles. En ellos se enseña principalmente cómo integrar las enseñanzas de Buda en la vida diaria para resolver nuestros problemas humanos y difundir la paz y la felicidad por todo el mundo.

El budismo kadampa de la NKT – IKBU es una tradición budista independiente que no tiene vinculación política alguna. Es una asociación de centros y practicantes budistas que se inspiran en el ejemplo y guía de los maestros kadampas de antaño y en sus enseñanzas, tal y como las presenta el venerable Gueshe Kelsang.

Hay tres razones por las que debemos estudiar y practicar las enseñanzas de Buda: para desarrollar nuestra sabiduría, cultivar un buen corazón y mantener paz mental. Si no nos esforzamos por desarrollar nuestra sabiduría, nunca conoceremos la verdad última, la verdadera naturaleza de la realidad. Aunque deseamos ser felices, ofuscados por la ignorancia cometemos todo tipo de acciones perjudiciales, que constituyen la causa principal de nuestro sufrimiento. Si no cultivamos un buen corazón, nuestra motivación egoísta destruirá nuestras buenas relaciones y la armonía con los demás. No encontraremos paz ni verdadera felicidad. Sin paz interior, la paz externa es imposible. Sin paz mental no podemos ser felices aunque estemos rodeados de las mejores condiciones externas. En cambio, cuando disfrutamos de paz mental, somos felices aunque las circunstancias que nos rodeen sean adversas. Por lo tanto, es evidente que debemos cultivar estas cualidades para ser felices.

Gueshe Kelsang Gyatso o *Gueshela,* como lo llaman afectuosamente sus estudiantes, ha diseñado tres programas espirituales especiales para el estudio estructurado y la práctica del budismo kadampa adaptados a la sociedad actual: el Programa General (PG), el Programa Fundamental (PF) y el Programa de Formación de Maestros (PFM).

PROGRAMA GENERAL

El **Programa General** ofrece una introducción básica a la visión, meditación y práctica budistas y es ideal para principiantes. Incluye también enseñanzas y prácticas avanzadas, tanto de sutra como de tantra.

PROGRAMA FUNDAMENTAL

El **Programa Fundamental** va dirigido a aquellos que desean profundizar en su comprensión y experiencia del budismo y consiste en el estudio estructurado de los seis textos siguientes:

1. *El camino gozoso de buena fortuna*, comentario a las instrucciones del Lamrim de Atisha conocidas como *Etapas del camino hacia la iluminación.*
2. *Compasión universal*, comentario al *Adiestramiento de la mente en siete puntos*, del Bodhisatva Chekaua.
3. *Ocho pasos hacia la felicidad*, comentario al *Adiestramiento*

de la mente en ocho estrofas, del Bodhisatva Langri Tangpa.

4. *Nuevo corazón de la sabiduría*, comentario al *Sutra del corazón*.

5. *Tesoro de contemplación*, comentario a la *Guía de las obras del Bodhisatva*, del venerable Shantideva.

6. *Comprensión de la mente*, exposición detallada de la mente según los textos de los eruditos budistas Dharmakirti y Dignaga.

El estudio de estas obras nos aporta numerosos beneficios, que resumimos a continuación:

1) *El camino gozoso de buena fortuna*:
Nos enseña a poner en práctica todas las enseñanzas de Buda, tanto de sutra como de tantra. Si lo estudiamos y practicamos, progresaremos con facilidad y completaremos las etapas del camino hacia la felicidad suprema de la iluminación. Desde un punto de vista práctico, el Lamrim constituye el tronco principal de las enseñanzas de Buda, mientras que sus otras instrucciones son como las ramas.

2) y 3) *Compasión universal* y *Ocho pasos hacia la felicidad*:
Estas obras nos enseñan a integrar las enseñanzas de Buda en nuestra vida diaria y a resolver todos nuestros problemas humanos.

4) *Nuevo corazón de la sabiduría*:
Nos muestra cómo alcanzar la realización de la naturaleza última de la realidad, con la que podemos eliminar la mente ignorante de aferramiento propio, la raíz de todo nuestro sufrimiento.

5) *Tesoro de contemplación*:
Con esta preciosa obra aprendemos a transformar nuestras actividades diarias en el camino y modo de vida del Bodhisatva,

llenando nuestra vida de significado.

6) *Comprensión de la mente:*

En este texto se expone la relación entre nuestra mente y los objetos externos. Si comprendemos que los objetos dependen de la mente subjetiva, podemos cambiar la manera en que los percibimos transformando nuestra mente. Poco a poco adquiriremos la habilidad de controlar nuestra mente y podremos resolver todos nuestros problemas.

PROGRAMA DE FORMACIÓN DE MAESTROS BUDISTAS

El **Programa de Formación de Maestros Budistas** atiende a las necesidades de los que desean convertirse en auténticos maestros de Dharma. En este programa se estudian catorce textos de sutra y de tantra, incluidos los seis mencionados, y además los participantes deben mantener determinadas pautas de comportamiento y modo de vida, y completar varios retiros de meditación.

Todos los centros de budismo kadampa están abiertos al público. Cada año celebramos festivales en diversos países, incluidos dos en Inglaterra, a los que acuden personas de todo el mundo para recibir enseñanzas e iniciaciones y disfrutar de vacaciones espirituales. Puede visitarnos cuando lo desee.

Si desea más información sobre la NKT – IKBU o buscar el centro más cercano, visite el sitio web www.kadampa.org/es o diríjase a:

EN ESPAÑA:

Albacete: Centro Budista Kadampa Sukhavati
C/ Pedro Coca 15
02004 (Albacete), España
Tel.: (+34) 967 613186 / 626 023332
info@meditaenalbacete.org
www.meditaenalbacete.org

Barcelona: Mahakaruna KMC Barcelona – Centro de Meditación Kadampa
Masía Ca l'Esteve
Urb. Cal Esteve 129 B
08253 Sant Salvador de Guardiola (Barcelona), España
Coordenadas: 41° 39' 31,1» N - 10° 45' 29,9» E
Tel.: (+34) 93 4950851 / 93 8358077
info@meditacionenbarcelona.org
www.meditacionenbarcelona.org

Cádiz: Centro Budista Kadampa Lochana
C/ Argüelles 10
11401 Jerez de la Frontera (Cádiz), España
Tel.: (+34) 956 348893 / 699 006545
info@meditaenlabahia.org
www.meditaenlabahia.org

Castellón de la Plana: Centro Budista Kadampa Naropa
C/ Ramón y Cajal 12, bajo
12002 Castellón de la Plana, España
Tel.: (+34) 603 516 594
info@naropa.org
www.naropa.org

Granada: Centro Budista Kadampa Tara

Pasaje Cruz de Mayo 2, local 3
18014 Granada, España
Tel.: (+34) 958 563 325 / 664 484 845
meditacionengranada@yahoo.com
www.meditaengranada.org

Huelva: Centro Budista Kadampa Avalokiteshvara

C/ Monasterio de la Rábida 23, bajo B
21200 Aracena (Huelva), España
Tel.: (+34) 633 249020
meditaenaracena@gmail.com
www.meditaenaracena.org

Madrid: Vajrayana KMC Madrid – Centro de Meditación Kadampa

C/ La Fábrica 8
28221 Majadahonda (Madrid), España
Tel.: (+34) 91 6362091
info@meditaenmadrid.org
www.meditaenmadrid.org

Málaga: Centro de Meditación Kadampa de España

Camino Fuente del Perro s/n
29120 Alhaurín el Grande (Málaga), España
Tel.: (+34) 95 2490918
info@meditaenmalaga.org
www.meditaenmalaga.org

Menorca: Centro Internacional de Retiro Dharma Kadam
Apartado de correos 187
07730 Alaior (Menorca), España
Tel.: (+34) 971 091038
centrodharmakadam@gmail.com
www.meditaenmenorca.org

Murcia: Centro Budista Kadampa Sugata
C/ Compositor Agustín Lara 5, bajo
(detrás del Hospital Morales Meseguer)
30007 Vista Alegre (Murcia), España
Tel.: (+34) 968 232984 / 644 346845
info@meditacionenmurcia.org
www.meditacionenmurcia.org

Palma de Mallorca: Centro Budista Kadampa Potala
C/ Quetglas 23, esquina C/ Monterrey
07013 Palma de Mallorca (Baleares), España
Tel.: (+34) 663 823303
potala@meditaramallorca.org
www.meditaramallorca.org

Santa Cruz de Tenerife: Centro Budista Kadampa Aryadeva
C/ Heraclio Sánchez 23, Edificio Galaxia, entrada 5, local 21D
38204 San Cristóbal de La Laguna (Santa Cruz de Tenerife), España
Tel.: (+34) 922 260101 / 656 593573
meditaentenerife@gmail.com
www.meditaentenerife.org

Sevilla: Centro Budista Kadampa Mahamudra
C/ Almez 2
41111 Almensilla (Sevilla), España
Tel.: (+34) 95 5779090
epc@meditaensevilla.org
www.meditaensevilla.org

Valencia: Centro Budista Kadampa Duldzin
C/ Corazón de Jesús 13, bajo izq. (junto a la Plaza de
   Patraix),
46018 Valencia, España
Tel: (+34) 673 602623
info@meditaenvalencia.org
www.meditaenvalencia.org

EN MÉXICO:

**Ciudad de México: Centro de Meditación Kadampa de
   México A.R.**
Enrique Rébsamen #406, Col. Narvarte Poniente
C.P. 03020, México D.F., México
Tels.: (+52/01) 55 56 39 61 80/86
info@kadampamexico.org
www.kadampamexico.org

Guadalajara: Centro de Meditación Kadampa de Guadalajara
Avenida Miguel Hidalgo #1220 esquina con Ghilardi,
   Colonia Americana
C.P. 41160, Guadalajara, Jalisco, México
Tel: (+52) 33 3825 6136
info@meditarenguadalajara.org
www.meditarengdl.org

Mérida, Yucatán: Centro Budista Kadampa Compasión
Calle 13 #162 A
C.P. 97120, Mérida, México
Tel.: (+52) 999 927 18 75
kadampamerida@gmail.com
www.meditarenmerida.org

**Monterrey, Nuevo León: Centro Budista Kadampa
Vajradharma**
Buenos Aires #150, Col. Alta Vista (Zona Tec)
C.P. 64840 Monterrey, N.L., México
Tel: (+52) 81 83 59 28 03
info@meditarenmonterrey.org
www.meditarenmonterrey.org

**San Cristóbal de las Casas, Chiapas: Centro Budista
Kadampa Drolma**
María Adelina Flores 24a
Col. Centro, San Cristóbal de Las Casas
C.P. 029200 Chiapas, México
Tel.: (+52/01) 96 76 31 60 52
drolmaepc@meditarensancristobal.org
www.meditarensancristobal.org

**Querétaro, Querétaro: Centro Budista Kadampa
Sukhavati**
Chopo 10, Col. Álamos, 2a. secc.
C.P. 76160 Querétaro, Querétaro, México
Tel.: (+52) 01 442 214 13 38
info@meditacionkadampaenqueretaro.org
www.meditacionkadampaenqueretaro.org

Tuxtla Gutiérrez, Chiapas: Centro Budista Kadampa Menlha

9a Poniente Sur, #724 (entre 6a y 7a Sur), Barrio Las Canoitas
C.P. 29000 Tuxtla Gutiérrez, Chiapas, México
Tel.: (+52) 96 16 00 00 89
contacto@meditaentuxtla.org
www.meditaentuxtla.org

EN ARGENTINA:

Buenos Aires: Centro de Meditación Kadampa Argentina
Serrano 1316, Palermo
C1414DFB Buenos Aires, Argentina
Tel. +54 (11) 4778-1219 / (15) 6149-5976
www.meditarenargentina.org
info@meditarenargentina.org

Córdoba: Centro de Budismo Kadampa
27 de abril 929 7- A, Alberdi
X5000AES Córdoba, Argentina
Tel. +54 (351) 15 250-8888
info@meditarencordoba.org
www.meditarencordoba.org

EN NICARAGUA:

Managua: Centro Budista Kadampa – Bodhichitta
Estatua de Montoya 1c. abajo 25v. al lago, casa No. 23
Managua
Tel.: (+505) 22 682541
infobodhichitani@gmail.com

EN EL REINO UNIDO:

Oficina de la NKT en el Reino Unido
Manjushri Kadampa Meditation Centre
Conishead Priory
Ulverston, Cumbria LA12 9QQ, Inglaterra
Tel.: +44 (0) 1229 584029
Fax: +44 (0) 1229 580080
info@kadampa.org
www.kadampa.org

EN LOS ESTADOS UNIDOS:

Oficina de la NKT en los Estados Unidos
Kadampa Meditation Center New York
47 Sweeney Road
Glen Spey
NY 12737, Estados Unidos de América
Tel.: +1 845-856-9000
Fax: +1 845-856-2110
info@kadampanewyork.org
www.kadampanewyork.org

Oficinas de Tharpa en el mundo

Los libros de Tharpa se publican en español, alemán, chino, francés, griego, inglés británico y estadounidense, italiano, japonés, portugués y vietnamita. En las oficinas de Tharpa podrá encontrar libros en la mayoría de estas lenguas.

Oficina en España
Editorial Tharpa España
Camino Fuente del Perro s/n
29120 Alhaurín el Grande (Málaga), España
Tel.: (+34) 95 2596808
info.es@tharpa.com
www.tharpa.com/es

Oficina en México
Enrique Rébsamen nº 406
Col. Narvarte Poniente, C.P. 03020
México D.F., México
Tels.: (+52/01) 55 56 39 61 80/86
info.mx@tharpa.com
www.tharpa.com/mx

Oficina en Alemania

Tharpa Verlag Deutschland,
Sommerswalde 8
16727 Oberkrämer, Alemania
Tel: +49 (0)33055 222135
Fax : +49 (0) 33055 207992
info.de@tharpa.com
www.tharpa.com/de

Oficina en Australia

Tharpa Publications Australia
25 McCarthy Road (PO Box 63)
Monbulk, Vic 3793, Australia
Tel: +61 (3) 9752-0377
info.au@tharpa.com
www.tharpa.com/au

Oficina en Brasil

Editora Tharpa Brasil
Rua Fradique Coutinho 710
Vila Madalena 05416-011 São Paulo - SP, Brasil
Tel/Fax: +55 (11) 3476-2329
info.br@tharpa.com
www.tharpa.com/br

Oficina en Canadá

Tharpa Publications Canada
631 Crawford St,
Toronto, ON, M6G 3K1, Canadá
Tel: +1 (416) 762-8710
Toll-free: 866-523-2672
info.ca@tharpa.com
www.tharpa.com/ca

Oficina en los Estados Unidos de América
Tharpa Publications US
47 Sweeney Road
Glen Spey, NY 12737, Estados Unidos de América
Tel: +1 845-856-5102
Toll-free: 888-741-3475
Fax: +1 845-856-2110
info.us@tharpa.com
www.tharpa.com/us

Oficina en Francia
Editions Tharpa
Château de Segrais
72220 Saint-Mars-d'Outillé, Francia
Tel : +33 (0)2 43 87 71 02
Fax : +33 (0)2 76 01 34 10
info.fr@tharpa.com
www.tharpa.com/fr

Oficina en Hong Kong
Tharpa Asia
2nd Floor, 21 Tai Wong St. East
Wanchai, Hong Kong
Tel: (+852) 25205137
Fax: (+852)25072208
info.hk@tharpa.com
www.tharpa.com/hk-cht

Oficina en Japón
Tharpa Japan
Dai 5 Nakamura Kosan Biru #501
Shinmachi 1-29-16, Nishi-ku
Osaka, 550-0013, Japón

Tel : (+81) 665 327632
info.jp@tharpa.com
www.tharpa.com/jp

Oficina en el Reino Unido
Tharpa Publications UK
Conishead Priory
 Ulverston
Cumbria, LA12 9QQ, Inglaterra
Tel: +44 (0)1229-588599
Fax: +44 (0)1229-483919
info.uk@tharpa.com
www.tharpa.com/uk

Oficina en Sudáfrica
Mahasiddha Kadampa Buddhist Centre
2 Hollings Road, Malvern
Durban 4093, Sudáfrica
Tel : (+27) 31 464 0984
info.za@tharpa.com
www.tharpa.com/za

Oficina en Suiza
Tharpa Verlag AG
Mirabellenstrasse 1
CH-8048 Zürich, Suiza
Tel: (+41) 44 401 02 20
Fax: (+41) 44 461 36 88
info.ch@tharpa.com
www.tharpa.com/ch

Índice analítico

La letra g indica que la entrada aparece en el glosario.